《查令十字路 84 號》並沒有使

它只帶來了上百封信件和電話，
來自一些我從不知道他們的存在的人們；
它帶來了美好的回饋，
也為我拾回我在人生道路上遺落的自信和自尊心。

它帶我到了英國。它改變了我的人生。

————海蓮·漢芙 Helene Hanff

重返查令十字路84號

海蓮‧漢芙 Helene Hanff——著

王傑——繪 黃亭蓉——譯

THE DUCHESS
OF BLOOMSBURY
STREET

獻給倫敦的人們

推薦序 I

如果你覺得諾拉・艾芙倫[1]很逗趣，如果你喜愛南西・米特福德[2]的作品，如果《BJ單身日記》[3]讓你爆笑出聲……那你肯定會愛上海蓮・漢芙。她風格獨具，她有自己的口吻，她有那種來自二十世紀的聰明紐約女士才特有的、他人仿效不來的姿態——她什麼都不在乎。

這本薄薄的《重返查令十字路84號》是海蓮・漢芙在一九七〇年出版的第一本書《查令十字路84號》[4]的續集。這本書讀起來又生動又明快，我在一趟從倫敦飛往巴黎的旅程中，便狼吞虎嚥地把它一口氣全看完了。

---

1. 諾拉・艾芙倫（Nora Ephron，1941—2012）：美國知名電影製作人、導演、編劇、作家、劇作家，被華文媒體稱為「美國瓊瑤」。著名電影作品為《當哈利碰上莎莉》和《西雅圖夜未眠》。

2. 南西・米特福德（Nancy Mitford，1904—1973）：英國小說家、傳記作家和新聞記者。她是米特福德六姐妹中的長子，在英國社會中佔據重要地位。

3. 《BJ單身日記》（Bridget Jones's Diary）：由英國女作家海倫・菲爾丁（Helen Fielding）於1996年出版的暢銷小說。內容以日記的形式，描繪一名30歲左右的倫敦單身職業女性——布里吉特・瓊斯的生活，並以幽默口吻寫出其職業生涯、個人形象、惡習、親情、友情與愛情。於2001年改編為同名電影，由芮妮・齊薇格（Renée Zellweger）飾演女主角。

4. 《查令十字路84號》：本書作者海蓮・漢芙於1970年撰寫的暢銷書籍，書中集結二十餘年來與倫敦的古書銷售商法蘭克・鐸爾（Frank Doel）之間的書信往來，書名來自後者所任職的「馬克斯與柯恩書店」的地址。

　　漢芙女士不僅巧妙地添加了喜劇色彩，她也從不吝於表達自己的個人意見。她常常會在**要強調個人意見的時候**於整句句子使用大寫。基於這份精神，我現在要說一件出版社可能會希望我不要說的事情。（但是，就像海蓮可能會說的：出版社就去死吧。）總之，我要說的是——我大概不應該這麼說——如果你先讀過《查令十字路84號》，你會宇宙無敵多倍地更加享受閱讀這本書。但那本書是另一間出版社出的，這也就是為什麼我不應該再繼續這個話題了。

　　但我還是得繼續說下去。漢芙的第一本書《查令十字路84號》，是將漢芙和「馬克斯與柯恩書店」[5]的職員們——書店在倫敦的地址便是「查令十字路84號」——從一九四九年至一九六九年的一系列書信往來集結成冊。你如果沒有先走一趟《查令十字路》，便無法真正享受《重返》，因為那正是海蓮‧漢芙這位非凡之人精彩絕倫的出場介紹啊！

　　一九一六年生於費城的海蓮‧漢芙是位劇本分析師兼作家，她居住在紐約的上東區。秉著對英國及其人文風情的仰

5.「馬克斯與柯恩書店」（**Marks & Co.**）：位於倫敦「查令十字路84號」的書店，專營古舊與絕版書籍。於1970年歇業，該址陸續由「柯芬園唱片行」、雞尾酒吧承接，現則為麥當勞快餐店。店門外鑲有一面銅鑄圓牌，上頭鑴有「查令十字路84號，因海蓮‧漢芙的書而舉世聞名的馬克斯與柯恩書店」的字樣。直至今日，仍有無數愛書人從世界各地到訪朝聖。

慕，她開始與法蘭克・鐸爾[6]——「馬克斯與柯恩書店」的經理——通信，好購得在曼哈頓難以買到的英國書籍。她信件裡的書單包含了艱澀、當時已絕版的許多書冊，像是華特・薩瓦吉・蘭鐸[7]、李・杭特[8]，以及約翰・紐曼[9]等人的著作。

從海蓮寫給法蘭克・鐸爾的字條可以看出，她是一位才智與性格兼具、異常博學的女人。隨著歲月過去，她寫給鐸爾的信件從正式又禮貌的態度，逐漸轉變為熟稔又風趣的內容。我最喜歡她在一九五二年九月十八日所寫的那一封，內容是：「現在，給我聽好了，法蘭克，漫漫冬天眼看著又要來了，而我兼差幫人帶小孩時可不能閒著，**所以，亟需讀物！**——你別光坐在那邊，快起身去幫我找些書來！」——

---

6. **法蘭克・鐸爾（Frank Doel，1908—1968）**：「馬克斯與柯恩書店」的經理，與本書作者海蓮・漢芙往來書信二十餘年，素未謀面，卻發展出一段暖心、動人的深厚友情。信件後來被收錄於經典暢銷書籍《查令十字路84號》中，並被世界各地的愛書人奉為佳話。

7. **華特・薩瓦吉・蘭鐸（Walter Savage Landor，1775—1864）**：英國詩人、作家。精通羅馬文學，以拉丁文書寫，作品有英雄史詩、抒情詩與劇本，代表作為《假想對話錄》。

8. **李・杭特（Leigh Hunt，1784—1859）**：英國散文家、評論家與詩人。創辦知識分子期刊《觀察者報》，內容闡述許多進步主張，當時在英國被視為捍衛言論自由的英雄。

9. **約翰・紐曼（John Newman，1807—1890）**：英國神學家，原為聖公會牧師，後改皈依天主教，成為一位天主教神父。曾為英國教會牛津運動之重要人物，帶領英國教會重拾大公教會的源頭與核心價值，重整禮儀、體制、神學和聖樂。對天主教影響甚鉅，於2010年獲教宗本篤十六世在伯明罕主持宣福禮，冊封為真福品，教宗方濟各更於2019年在梵蒂岡聖伯多祿廣場將他冊封為聖人。

漢芙很快就開始收到其他書店店員寄來的信。最後,甚至連店員的老婆與女兒們,也都喜歡上這位坦率的紐約客,並開始寄信給她。

這些信同時也記錄了第二次世界大戰後的英國,在重建家園時苦樂參半的過程。海蓮很快便發現,就算是在戰爭結束五年之後,她這些倫敦的筆友們仍不幸地缺乏大部分美國人視為理所當然的物資。儘管她絕對稱不上是一名有錢的女子——她負擔不起親自拜訪倫敦的費用——但她開始寄聖誕節和復活節禮籃給書店的職員們,其中包括了像是牛舌罐頭、乾燥蛋和整塊火腿肉等珍饈——一直到一九五○年初,在大部分的英國地區,一整塊完整的肉都還算罕見的奇觀。

在這二十年之間,海蓮跟這些她從未見過的人們建立起非凡的友誼。相信我,那些在Facebook上不斷更新照片跟影片的「好友們」的交情,跟這些人們比起來根本不算什麼。

法蘭克‧鐸爾於一九六九年去世。而出乎大家意料的是——海蓮自己最為意外——《查令十字路84號》在一九七○年出版時便蔚為風潮。海蓮受到海外的矚目,而英國的傳奇出版社「安德烈‧德意屈(Andre Deutsch)」更決定要把這本書引進英國。對海蓮來說最關鍵的一點就是,出版社希望她為這本書的發行事宜來一趟英國,這也讓她終於得以負擔一趟倫敦的旅行了。於是,在五十五歲的年紀,海蓮終於拜訪了她心心念念的英國,而《重返查令十字路84

號》便是她這趟圓夢之旅的日記。

讓我無法停止閱讀這本書的原因有二。第一，這是個有關中年夢想成真的迷人故事。第二，海蓮·漢芙是位徹頭徹尾的神經質紐約客——我最喜歡的女主角類型。儘管她信誓旦旦地寫說，她會到英國去「尋找英國文學中的英國」，但就在她準備出發前往倫敦的前一天，她也承認：「一個人出國讓我嚇壞了（我甚至連一個人去皇后區或布魯克林都會害怕，因為我會迷路）。」當晚，她坦承：「我下了床，整個人歇斯底里，灌了一杯馬丁尼、抽了兩根菸後回到床上，接下來一整晚的時間都在構思如何寫封電報，告訴他們我不去了。」

一九七一年六月十七日，海蓮仍舊上了飛機。她在美國出版的書為她捎來排山倒海、來自英國書迷的信件，而她昔日的眾多筆友們也表示，假如她有朝一日來到倫敦，必定會好好接待她。一位退休後來到希斯洛機場工作的「上校」，便自告奮勇要護送她過海關與移民審查，而諾拉·鐸爾（Nora Doel）——法蘭克的遺孀——和他的女兒席拉（Sheila）則堅持要在海關外跟她會面。一位聽起來很迷人的伊頓公學校友——派特·巴克禮（Pat Buckley），甚至提議要帶她來趟倫敦文學之旅。（聽起來真是個動人的提議啊，不是嗎？你在出版了一本書之後，便有許多陌生人主動提出要帶你在國外到處旅遊……換作今日，這樣的提議可能會帶來類似跟蹤

狂或騷擾的司法刑責了。）

　　海蓮很快就在位於大羅素街和布魯姆斯伯里街交接處、「寒酸卻附庸風雅」的凱尼沃爾斯飯店（Kenilworth Hotel）入住。儘管她的房間有著「前所未見的糟糕淋浴間」，並且在倫敦的第一天早上還下著大雨，她卻在凝望著布魯姆斯伯里街一排排的房屋時寫道：「我的心在震盪。我這輩子從未如此快樂過。」她的旅程在充滿榮耀的光輝中展開了，她接受了《倫敦標準晚報》（London Evening Standard）以及令人尊敬的BBC的採訪，並與「馬克斯與柯恩書店」拍照合影──儘管該書店已經停止營業。她也與一些重要的記者和出版社一起共進午餐和晚餐。但這些對海蓮來說都只是背景的雜音而已，她真正的渴求是前去拜訪諾拉和席拉、遊覽文學地標，以及與派特‧巴克禮在他位於騎士橋的公寓裡一起吃草莓配奶油。

　　由於老是有人開著勞斯萊斯或是捷豹到她住的飯店接她，並帶她展開一場又一場令人興奮的英國歷險，海蓮很快便自封為「布魯姆斯伯里街的女公爵」。在倫敦的期間，對海蓮來說，生活是一連串刺激與興奮的源流──與她在紐約市簡樸又刻苦的生活截然不同。當派特‧巴克禮載著她前往莎士比亞的環球劇場原址時，海蓮說她興奮到「感覺自己的腦袋簡直要爆炸了」，儘管那個地方僅存一塊空地而已。他帶她

參觀了查爾斯‧狄更斯[10]筆下的舊倫敦巷弄，也帶她去了莎士比亞最愛的「喬治酒店」（the George），還帶她去看倫敦塔和聖保羅大教堂——這些全發生在同一個晚上。（噢，因為路上沒什麼車！這麼有效率的行程在今日的倫敦是不可能發生的。）當海蓮向作為嚮導的派特表示感謝時，他答道：「噢，我才該謝謝妳！大部分的美國人不會想走這樣的行程。他們只會坐我的車晃個十五分鐘，然後直奔多徹斯特酒店[11]的酒吧！」

話雖如此，但我們的「女公爵」也不排斥前往美國旅客最常光顧的景點。譬如她便相當喜愛「薩沃依飯店」（the Savoy），而當一名來自德州的老友帶她到克拉里奇酒店[12]吃午餐時，海蓮更感覺自己的美夢成真了——「克拉里奇是所有諾爾‧寇威爾[13]筆下的人物吃午飯的地方」，她在她的日記中如此寫道，「倫敦上流社會的人士魚貫地昂首闊步走入

---

10. 查爾斯‧狄更斯（**Charles Dickens，1812—1870**）：英國19世紀中期作家、評論家。擅長以幽默、譏諷與批判性筆觸描寫人性、社會不公與階級問題，廣受評論家、學者及讀者的喜愛。著有《孤雛淚》、《小氣財神》、《塊肉餘生計》、《雙城記》等多部經典文學著作。

11. 多徹斯特酒店（**the Dorchester**）：英國的五星級酒店，為全世界最昂貴的酒店之一。

12. 克拉里奇酒店（**Claridge's**）：於1812年創立於倫敦的五星級酒店，與英國皇室有密切關係。

13. 諾爾‧寇威爾（**Noël Coward，1899—1973**）：英國演員、劇作家。於1943年因影片《與祖國同在》（In Which We Serve）獲得該年的奧斯卡終身成就獎。

克拉里奇酒店，我已經在心中憧憬著這幅畫面好多年了。」
她的期待並沒有落空。對海蓮來說，這間飯店是「優雅綽
約」的集大成典範。（更令人驚奇的是，**如今它依舊是**。不
論現在克拉里奇的業主是哪位天才，他都很有見地地保留了
那裝飾藝術風格的輝煌門廳。）

　　對於一位自稱非常神經質的人而言，海蓮對於將自己的生
命交託於他人仍有著非常驚人的無畏。上校在載著她穿梭於
雨中的英國鄉間的途中，便突然將車停在路旁，裝設了一組
折疊椅，好讓她可以在路邊享受片刻的一抹陽光。他們駛過
迷人的科茲窩[14]，拜訪了史特拉福[15]和許多鄰近的石造村落，
包括大圖村和小圖村[16]，這些村落至今仍然因為它們的魅力而
相當著名──Soho House[17]在二〇一五年時，便在大圖村建

---

14. 科茲窩（Cotswolds）： 位於英國中南至西南部的地區──包含山丘陵地區、
泰晤士河上游的草甸，以及被稱為「科茲窩崖」（Cotswold Edge）的斷崖。該地
區以罕有的侏儸紀石灰基岩草原棲息地著名，當地人大量開採金黃色的「科茲窩
石」來建屋造橋，使該地具有獨特、濃厚且純正的英國小鎮風味，並於1966年
被確立為「法定特殊自然美景區」。科茲窩也與法國的普羅旺斯及義大利的托斯
卡納地區並稱為「歐洲最美的三大田園風光地帶」。
15. 史特拉福（Stratford）： 位於倫敦東區，是「倫敦計劃」中策定的倫敦主要
中心之一，亦是2012年舉辦倫敦奧運的奧林匹克公園的所在地。
16. 大圖村（Great Tew）和小圖村（Little Tew）： 位於牛津郡科茨沃爾德山丘
的英國村莊和教區。
17. Soho House： 藝文界的奢華私人俱樂部，設於英國倫敦蘇活區。

造一所新的鄉村俱樂部。

　然而，當海蓮抵達牛津大學時，她承認：「我暴走了。」她想參觀奧里爾學院[18]，因為約翰・亨利・紐曼曾在該處教授過英國國教神學；她還想去三一學院[19]，因為鄧約翰[20]曾在該校就讀學士。然而，她的嚮導卻認為她更應該去參訪由克里斯多佛・雷恩爵士[21]所設計的博德利圖書館[22]閱覽室、布萊克

---

18. 奧里爾學院（Oriel College）：牛津大學的學院之一，位於牛津奧利爾廣場。由4座古老的中世紀建築構成，其歷史可追溯至1320年代，自稱是牛津最古老的皇家機構，又稱「國王學院（King's College）」。在英國內戰期間，該學院也曾是牛津議會（Oxford Parliament）的駐地。

19. 三一學院（Trinity College）：牛津大學的學院之一，位於牛津大學貝利奧爾學院和布萊克韋爾書店之間。其中除了4個主要方庭之外，還有一座大型的草坪和寬敞的花園，其中包括小面積的林地。

20. 鄧約翰（John Donne，1572—1631）：英國玄學派詩人，出生於倫敦富裕的天主教家庭，曾於牛津大學和劍橋大學學習神學、醫學、法律和古典文學。1610年因撰文維護國教與王權而獲得詹姆士一世的賞識，於1615年成為皇室牧師，更於1621年出任聖保羅大教堂教長，是當時最著名的傳教士。其作品包括十四行詩、愛情詩、宗教詩、拉丁譯本、輓歌等等。

21. 克里斯多佛・雷恩爵士（Sir Christopher Wren，1632—1723）：英國天文學家、建築師，就讀西敏公學與牛津大學瓦德漢學院，學習天文學，對繪畫有極高的天份。於1666年的倫敦大火後擔任災後復興委員會的要員，重建與監督了51座教堂，其中最優秀的作品便是聖保羅大教堂。其他著名的建築還有格林威治天文臺、劍橋圖書館、切爾西醫院、漢普頓法院大樓、肯辛頓宮等。雷恩於漢普頓宮逝世，被安葬於聖保羅大教堂下的地穴內，其基碑以拉丁文刻著結束語：「你在尋找他的紀念館嗎？請看看你的周圍。」

22. 博德利圖書館（Bodleian Library）：牛津大學主要的圖書館，亦是英國第二大的圖書館，僅次於大英圖書館。同時還是英國與愛爾蘭出版印刷物的法定送存處之一。建立於1602年，是歐洲最古老的圖書館之一。

威爾書店[23]，以及瓦德漢學院[24]庭院。「我站在瓦德漢學院的庭院中央大叫：『**我們什麼時候才要去看我想看的東西？**』」她如此回憶道。

雖然海蓮看似成功了，卻始終沒有什麼錢。而她也以令人消除敵意的誠實口吻來書寫這方面的話題，譬如她整趟旅程的長度必須視她可以負擔得起多少頓午餐和晚餐而定——當有一小筆支票進帳時，便可以延長旅程、多待個幾天，這令她歡欣不已——她很快就明瞭，越是減少自己出錢吃午餐和晚餐的機會，就可以在倫敦待得越久。因此當出版社的秘書卡門向她保證，儘管有許多陌生人和仰慕者在這期間打電話到出版社的辦公室，想要和她取得聯繫時——但我們絕對不會跟任何人說妳住在哪裡，我們只會請他們透過我們跟妳聯絡——海蓮卻如此回道：「我不是那種需要從大眾手中被保護的作家。任何打電話來的粉絲都有可能想餵飽我，而我也超有空出席晚餐邀約。儘管把我的地址撒出去吧！」

我不能再透露更多了。我討厭那種在你根本還沒開始閱讀之前，就先把所有金句或結局洩漏，因而壞了一本好書的推

---

23. **布萊克威爾書店（Blackwell's Bookshop）**：於1879年開業的英國學術書籍銷售商。
24. **瓦德漢學院（Wadham College）**：牛津大學的學院之一，位於牛津中部公園路南端。學院學風自由，以廣出左翼政治家和豐富的學生社團而聞名。

薦序。相信我，《重返查令十字路84號》還有更多精彩內容，像是──我始終無法抗拒分享我最愛的這個部分──當海蓮必須在鼻水不止的感冒狀態下參與一場光鮮亮麗的晚餐時，她的解決方案是：「我靠著兩杯馬丁尼疏通了我的鼻腔。」

的確可以說海蓮在英國度過了極其美好的時光，但在某個時刻，她也曾悲嘆：「我不曉得等我回到家鄉之後，該怎麼重新習慣在第二大道[25]的生活。」好了，現在，就像海蓮可能會說的：不要光坐在那邊讀這篇推薦序。趕快開始讀我的書吧！

──普隆姆・塞克斯 Plum Sykes（英國知名記者、小說家），二○一六

---

25. 第二大道（Second Avenue）：紐約市曼哈頓東部的一條大道，南到休斯頓街，北到128街。

推薦序 II

即使紀元已邁向二十一世紀的第三個十年，網路電商也已取代大部分的消費行為……查令十字路，依舊是世界上最悠久的書店街之一，是最富盛名的文學街道。

曾和阿道夫·希特勒通信的「富遙書店（Foyles）」；吉卜林曾用過餐的「牛排俱樂部（Beefsteak Club）」；曾上映過格雷安·葛林的《布萊頓棒棒糖（Brighton Rock）》與沃爾特·格林伍德的《依賴佈施之愛（Love on the Dole）》的「加利克戲院」；保羅·索魯與V.S.奈波爾的心頭愛、專賣初版書的「貝爾、布克與拉德摩爾（Bell Book & Radmall）」；作家亞瑟·米勒歡度八十大壽、藍燈書屋為A.S.拜雅特受封大英帝國女爵而舉辦慶祝酒會的長春藤餐廳（The Ivy），以及許多大型連鎖或獨立書店……都是以查令十字路為中心，坐落於方圓五百公尺的範圍之內。

當然，要聊聊「文學的倫敦」以及「文學的查令十字路」之前，首先要來談談：「文學的（Literary）」的定義。我們可以生硬地引用《牛津英語字典》中的解釋：「關於寫作、研究或文學性的內容，特別是被視為有價值的形式特質。」用更口語的方法來說，所有「文學的」人事物，不僅與寫作這個行為有密切的關聯，更往往具有強烈、明顯或主要的風

格，並且「刻意創造出特別的情感效果。」

　　因此，無論是高大尚、擲地有聲的傳世經典，或是被認定成「為大眾市場服務」的流行作家，都是「文學的」的討論範圍。因此，歌德、史威夫特、勃朗特姐妹的創作是文學，古龍、丹布朗、JK羅琳的作品也是文學。實際上，假使我們回到十九世紀，你會不意外地發現，現代所認定的文學家凡爾納，在維多利亞時代便是位不折不扣「為大眾市場服務」的流行作家，他的作品力求「感同身受」，甚至還按月連載──當刊載凡爾納最新連載小說的期刊雜誌或報紙隨著輪船漂洋過海到紐約時，便有一群心焦如焚的讀者在岸邊向未靠港的水手們吆喝著詢問：「《海底二萬哩》的尼莫船長後來怎麼了？《環遊世界八十天》的福格過了舊金山，下一站去了哪裡？」

　　當年凡爾納、狄更斯、史帝文生等人所扮演的角色，都曾為公眾生活「提供另一種生活的可能，迥異於現實的冒險想像」，他們筆下的地質學家奧托・李登布洛克（Otto Lidenbrock）、身世坎坷的艾米・杜麗（Amy Dorrit），或多重人格的哲基爾醫生（Dr. Jekyll），功能皆不亞於我們所熟悉的蘭登教授、哈利波特或諾曼・奧斯朋。當年被認定為品味低劣的二流作品，如今則成為學院關起門來解構分析的「重要文本」，若莎士比亞生活在現代，相信也會對於自己

的作品受到如此崇拜而感迷惑、不解。

　　但也因為如此，這些文字創作在歷經歲月的淘洗、沖刷與沉澱過後，便將那些曾經精心描摹過的街道、食物、氣味、對話與情感生活，匯聚成我們所熟悉的「文學的倫敦」。數百年來，作家、出版人、書評及書商在此地相遇，逐漸發展出獨特的社群聚落。其中，查令十字路的傳奇與世故，更透過一九七〇年的《查令十字路84號》，受到全球讀者的關注與喜愛。

　　我在多年後踏上查令十字路，原址的「馬克斯與柯恩書店」幾經易手，早已成為隨處可見的咖啡廳（幾年後，又變成了速食帝國麥當勞的據點），但附近仍有一塊鐵牌，為我們紀念這段與書相遇的動人故事。

　　關於「馬克斯與柯恩書店」的種種，除了我們所熟知、有關《查令十字路84號》的溫暖過往外，還有段鮮為人知的傳奇：書店共同所有人班傑明・馬克斯的兒子里歐，是英國在二戰期間所成立的秘密機構「特別行動處」的情報員，主要負責與盟軍在歐陸納粹德國占領區內展開敵後破壞與間諜偵察，並協助當地的反抗運動。里歐能在四小時內完成一般人需耗時一週才能破譯的密碼工作，其最出色的功績，便是創作出傳遞加密訊息的著名密碼詩——後來在許多舞臺演出、電視劇與電影中都曾出現的《我所擁有的生活（The Life

That I Have）》：

我所擁有的生活	The life that I have
就是我的一切，	Is all that I have
而我擁有的生活	And the life that I have
卻是你的。	Is yours.

我所擁有的愛，	The love that I have
在我所擁有的生命中	Of the life that I have
全是你的，你的，你的。	Is yours and yours and yours.

　　根據里歐・馬克斯的說法，他小時候最喜歡的事，就是破譯父親在書店內，於書封裡書寫的秘密明碼標價。因為「查令十字路84號」，這段秘密過往才重見天日。但對於所有愛書人來說，這首詩也點出了我輩中人的心聲：

我們所閱讀的，

就是我們所擁有的一切。

閱讀不在生活之外，

閱讀就是生活。

　　無論是《查令十字路84號》或《重返查令十字路84號》，俯拾即是愛書人靈光乍現的狡黠，以及讓人好氣又好笑的小心機。作者海蓮・漢芙即使面對「文學的英國」，也從不吝惜展現她的聰慧、牢騷及小心眼。這也是為何在多年以後，旅人們依舊會手持《查令十字路84號》或《重返查令十字路84號》，悵然若失地站在如今的麥當勞門口。透過這兩本著作，海蓮・漢芙向我們展現一個世界，一個透過愛書人與閱讀者所看見的成住壞空，而讓你我深情流連的世界。

　　　　　　　　　──謝哲青（作家、知名節目主持人），二〇二一

目錄

飛，飛，飛得遠遠的

　　理論上來說，那是我人生中最快樂的一天。那天是一九七一年六月十七日，星期四。早上十點鐘，BOAC[26]的班機從甘迺迪機場起飛了。那日天空湛藍，陽光燦爛，在等了一輩子之後，我終於在前往倫敦的路上了。

　　然而，與此同時，我才剛結束一場預料之外的手術並出院不久，一個人出國把我嚇壞了（我甚至連一個人去皇后區或布魯克林都會害怕，因為我會迷路），而且我不知道萬一出了什麼差錯，或沒人來接我，該怎麼辦。我特別擔心那只我借來的、如龐然巨物般的行李箱，我根本拖不動它，更別提要把它扛起來了。

　　我年復一年地計畫著倫敦的朝聖之旅，但每當到了最後關頭時，又總會因為某些危機而被迫取消──通常是因為錢。但這一次可不一樣了。老天似乎從一開始就對這趟旅程相當賞臉。

　　我曾寫了一本名為《查令十字路84號》的書，當時在紐約出版幾個月後，便被一間叫做「安德烈‧德意屈（Andre Deutsch）」的倫敦出版社買下在英國發行的版權。他寫信來

---

26. BOAC（The British Overseas Airways Corporation）：英國海外航空公司。

告訴我，倫敦版本會在六月推出，希望我可以到場協助新書宣傳。因為他還欠我一點「訂金」，我便回信給他，請他先替我留著那筆錢。我盤算著──如果我夠節儉──那筆錢應該夠我在倫敦待個三週。

三月時，《讀者文摘》[27]買下一篇由我所寫的、有關於我粉絲來信的文章，而作為報酬的支票被我用來買了BOAC的機票、一些昂貴的衣物，並且──世事難料──請了一名昂貴的外科醫生。

各處的應援也隨著手術而來──我參加的民主黨俱樂部沒有送花到醫院來給我，他們寄來一張哈洛德百貨公司[28]的禮券；一名剛從倫敦回來的朋友塞了一疊英鎊在我的門底下，標示著「看劇買票用」；而我的其中一位哥哥在剛好經過來探病時，給了我一百美金好讓我「順便去一下巴黎」──我從沒考慮過要去巴黎（我從來沒有想過要去倫敦以外的城市），但是一百美金也意味著我可以在倫敦多待一個禮拜，外加花些像是搭計程車或做頭髮的小錢。所以，在財務方

---

27. 《讀者文摘》（Reader's Digest）：於1922年創刊於美國的家庭月刊，為當前世界上最暢銷的雜誌之一，現以21種語言印刷，並於世界60多個國家發行，為不同年齡層與文化背景的讀者提供資訊。文章內容包羅萬象，涵蓋金融政治、國際事務、藝術與娛樂、商業與文化、健康保健、大眾科學、體育、美食、旅遊休閒等等。

28. 哈洛德百貨公司（Harrods）：位於倫敦的百貨公司，擁有近二百年歷史，最廣為人知的為其季節性的聖誕部門與食品廳。

面，我已經準備好了。

在我出發的前一晚，我的兩位朋友幫我辦了一場送別派對。儘管我所有的重要器官都不情願地抗拒著，我還是花了一整天打包，並提早離開派對。午夜時，我已經躺在床上睡著了。直到凌晨三點，我猛然醒來，感覺五臟六腑瘋狂地翻攪著，一個聲音在我的腦袋裡嚴厲地苛責：

「妳在搞什麼！竟然要獨自離家三千英里，妳甚至不是個健康的人！」

我下了床，整個人歇斯底里，灌了一杯馬丁尼、抽了兩根菸後回到床上，接下來一整晚的時間都在構思如何寫封電報，告訴他們我不去了。

門房保羅（Paul）載我到機場。我一手抱著我的大衣、圍巾、雜誌和一件額外的毛衣，另一隻手拎著我的新海軍藍西裝褲——自從手術之後，我的褲頭就拒絕好好繫在腰間——來到查驗護照的隊伍。

到頭來，排隊本身倒是沒有比光靠兩根大拇指抓緊身上所有要掉下去的東西還要來得不舒服。而當終於得以登機時，我便迅速地滑進我靠窗的座位。我感到非常幸福，因為我知道接下來的五個小時，我連根指頭都不必動了——會有人幫我送上做好的三明治跟咖啡，會有人送來一杯馬丁尼，還會有人過來幫我把東西收拾乾淨。我開始放鬆下來。

等我完全放鬆之後，腦袋裡的聲音又開始向我提出質疑：「萬一出了什麼差錯，或是沒人來接機，該怎麼辦？」為了遏止恐慌，我從我的肩包裡取出一些信件，重新閱讀它們。這些信是我的救生圈。

第一封信是卡門寄來的，她是安德烈‧德意屈出版社的宣傳人員。

親愛的海蓮，

我已經確認了您於六月十七日在凱尼沃爾斯飯店的訂房。離德意屈出版社只有一小段距離，所以您不會覺得太寂寞的。您的作品出版日是六月十日，很遺憾您會錯過出版日，但是我也很高興得知您正在康復當中。

我們全都很期待在十八日見到您。

幸虧不小心搞混了，我錯訂了兩間客房，一間在凱尼沃爾斯，另一間則在坎伯蘭（Cumberland）。有鑒於一些經常旅遊的朋友給我的建議，我將兩間訂位都保留了，以防我在抵達其中一間時發現無法入住。但是我還是會先去凱尼沃爾斯，因為價格比較便宜。

　　第二封信件則是諾拉‧鐸爾[29]在最後一秒鐘才匆匆忙忙寄來的，上頭的筆跡又倉促又凌亂。《查令十字路84號》是我和倫敦的「馬克斯與柯恩書店」，長達二十多年書信往來的故事，我與其中最主要的採購員法蘭克‧鐸爾的往來尤其密切，而他的猝逝也促成了這本書的問世。諾拉是他的遺孀，而席拉則是他的女兒。

海蓮——

　　席拉跟我會在星期四晚上十點到希斯洛機場等你。我們都非常興奮。

　　一路順風。

諾拉

　　第三封信件則是來自一位英國男士，他在閱讀完《查令十字路84號》之後曾寫過一封粉絲信給我，並詢問我究竟何時才要來倫敦。我回信告訴他我要前往倫敦的事，他於是回覆我：

　　我是位退休的出版人，現在在倫敦的機場工作。拜託，如

---

29. 諾拉‧鐸爾（Nora Doel）：「馬克斯與柯恩書店」經理法蘭克‧鐸爾的妻子。

果我幫得上忙，儘管使用我吧！我可以在妳下機之後與妳會合，並且陪妳過海關跟移民審查。任何要見妳的朋友都得在妳過了海關之後才能見到妳。我會在妳下機之後，在妳那玲瓏的小腳碰觸到不列顛的土地之前，跟妳碰面的！

我對於他打算如何辦到這些事毫無概念，但我還真得仰仗他讓我那玲瓏的小腳移駕到飛機外了。我怎麼會懂什麼海關跟移民審查？

我收到一些來自粉絲的郵件，有一封是來自一位在牛津工作過一年的美國教授的妻子，她邀請我到牛津去拜訪他們。還有一封來自一位住在倫敦的美國人，他想要帶我在倫敦來場徒步導覽。另外，還有一封來自琴・易利（Jean Ely）的信，她是一位退休的紐約女演員，我因為上本書的關係而與她結識。

親愛的海蓮：

我聯絡了一位在倫敦的朋友，跟他說明了妳的事。他是伊頓公學[30]的老校友，比任何我遇過的人都還要了解倫敦。我

---

30. **伊頓公學（Eton College）**：位於伊頓的英國著名男子公學，17世紀後由原先的平民學校逐漸貴族化，英國的男性皇室成員多就讀於此，為英國皇室、經濟界與政治界菁英的搖籃，著名校友有英國詩人雪萊、作家伊恩・弗萊明、威靈頓公爵和威廉王子等人。

從來沒有像這樣麻煩過他，但我寫信跟他說，他一定得當嚮
導，帶妳遊覽倫敦。他的名字是派特·巴克禮。他會在凱尼
沃爾斯飯店跟妳聯絡的。

　我就不祝妳旅途愉快了，妳不可能會經歷「愉快的旅程」
以外的東西。

琴

P.S. 記得寫日記。會發生許多事情的，少了日記，妳不可
能將它們全部記得。

　我將所有信件都重複閱讀數遍，並確認我的護照和預防接
種證明好幾次。我還研究了一張記有各種英國銅板的卡片，
並且讀了一份之前沒時間閱讀的BOAC小冊子，有關「**旅遊
時該帶些什麼**」。上頭列出了二十三項物品，而其中有十四
項是我沒有帶到的：

三件可換洗的洋裝
兩件背心
兩雙手套
小帽子（一項或以上）
兩件式羊毛衫
羊毛披肩
晚禮服

晚宴包

晚宴鞋

腰帶

　　我帶了三套長褲套裝、兩件短裙、好幾件毛衣和襯衫、一件白色西裝外套和一件洋裝。那件洋裝是絲質的,別緻而昂貴,搭配上大衣便可以用來應付較為隆重的晚宴場合。

　　我拿出我的倫敦觀光地圖,仔細地研讀。我只能以上、下、左、右的相對位置來讀懂地圖,但我已經把關鍵地點標記好了──聖保羅大教堂[31]、西敏寺[32]和倫敦塔[33]──而且我還在地圖上繪製了各種徒步導覽的路線。這些關鍵地點必須等到旅程的最後幾天,等我確定我有辦法待更長一段時間之後才能參觀,但在此之前,我相信我已經可以從這座城市的一

---

31. **聖保羅大教堂(St Paul's Cathedral)**:英國聖公會倫敦教區的主教座堂,為巴洛克建築的代表,以其壯觀的圓頂而聞名。最初於西元604年建立,而後多次遭受海盜與火災破壞,於1675年由建築師克里斯多佛·雷恩重建。

32. **西敏寺(Westminster Abbey)**:位於倫敦市中心的大型哥德式教堂,自英國、不列顛到大英國協時期皆是英國君主安葬或加冕登基之地。曾於1546年至1556年成為主教座堂,現則為皇家勝跡。於1987年被列為世界文化遺產。

33. **倫敦塔(the Tower of London)**:位於倫敦市中心泰晤士河北岸的一座城堡,始建於1066年底,是諾曼征服英國的產物。曾作為公共檔案辦公室、天文臺、堡壘、軍械庫、國庫、鑄幣廠、宮殿、刑場、避難所和監獄。於1988年被列為世界文化遺產。

端走到另一端。（我已經發現只要我持續前進，一切就會沒事的。）

　　我感到相當平靜和快樂，直到機上傳來廣播，宣布現在是英國時間的晚間九點五十分，而我們即將在五分鐘之內於希斯洛機場降落。還有，目前倫敦正下著雨。

　　「莫驚莫慌，」我告訴自己，「現在只要先想好，要是諾拉跟席拉沒有出現，還有那個機場的瘋子忘記今天妳要來，妳該怎麼做就好。」

　　我決定要從電話簿裡找出諾拉跟席拉的電話號碼，並且打給她們。如果她們都沒有接電話，我再改查德意屈出版社的卡門的電話。如果她也沒接電話，我就直接找一位機場的工作人員，對他說：

　　「不好意思，先生。我從紐約來，剛抵達倫敦。我拖不動我的行李箱，也不知道凱尼沃爾斯飯店在哪裡，還有，我現在很不好。」

　　飛機開始降落，乘客們也跟著騷動，開始整理他們的手提行李。我沒有任何手提行李。我只能僵坐在座位上，告訴自己，如果沒有人來機場接我，我就在機場坐著等下一班飛往紐約的飛機，然後直接飛回家！而就在此時，廣播再次響起了：

　　「可以請漢芙小姐向我們的工作人員報到嗎？」

　　我從座位上跳起來，舉起我空著的那隻手（另一隻手已經

永久地跟我的褲頭黏在一起了），但在我的可見範圍內，連一位工作人員都沒有。其他乘客們正排著隊準備下機，並好奇地盯著漲紅著臉又大鬆一口氣的我。我用我空著的那隻手收好我所有的物品，排到隊伍的最後方。現在，我確定有人會來接我了！我因此雀躍不已，因興奮而感到微醺。我從來沒有想過我真的能夠來到倫敦，**而我終於抵達了！**

我走近向乘客道別的空服員小姐，告訴她我就是漢芙小姐。她指向下機坡道底端，說：

「那位先生正在等妳。」

而他就在那裡，一位壯碩、高大的飛船上校[34]，滿臉燦笑、大張雙臂地迎接我，等待我玲瓏的小腳碰觸到不列顛的土地。我一邊走下坡道與他會面，一邊想著：

「琴是對的。我一定得寫日記。」

---

34. 飛船上校（Colonel Blimp）：英國漫畫家大衛·勞（David Low）筆下的著名角色，於1934年首次於《倫敦晚報》亮相。

六月十七日，星期四
半夜

床頭板上有臺收音機，BBC剛跟我道了晚安。整個廣播系統都在午夜睡去了。

成功抵達。

「海蓮，親愛的！」上校朗聲大叫，蹲下來親吻我的臉頰。絕對沒有人會相信這是他第一次見到我。他是位有著燦爛笑容、一簇簇灰白眉毛和叢生的白色鬢角，並挺著巨大肚腩的壯漢。接著，他筆挺地邁步離開，去確認我的行李箱，活像吉卜林[35]筆下舊時代的印度紳士。他回到我身邊，身後跟著一位推著推車的行李搬運員，推車上頭放著我的行李箱。他將一隻手臂環繞著我，帶著我走過移民審查和海關的辦公桌，親切地對著桌子後的人們叫道：「這是我朋友啦！」而這就是我通過移民審查和海關的全部經歷。

「好了，現在，」他說，「有人會來接妳嗎？」

---

35. 約瑟夫‧魯德亞德‧吉卜林（Joseph Rudyard Kipling，1865－1936）：英國作家及詩人，被譽為「短篇小說藝術創新之人」，同時也被視為英國19世紀日不落國的帝國文學代表作家。於1907年獲得諾貝爾文學獎，是英國首位、迄今最年輕的諾貝爾文學獎得主。著有兒童故事《叢林奇譚》（The Jungle Book）、印度偵探小說《基姆》（Kim）、詩集《營房謠》（Gunga Din）、短詩《If——》（If——）等等。

我告訴他諾拉跟席拉・鐸爾現在應該在這機場的某處。

「她們長什麼樣子？」他問，一邊檢視著圍繩外頭擠滿入境大廳的人群。

「我完全不曉得。」我說。

「她們有妳的照片嗎？」他問。

「沒有。」我說。

「她們知道妳會穿什麼樣子嗎？」他問。

「不知道。」我說。

「噢！我親愛的小姐！」他大喊。「妳這樣要怎麼找到她們啊？！在這裡等我一下。」

他把我擱在詢問處櫃檯前，便大步離去了。下一刻，我聽見機場的廣播系統通知鐸爾太太前往詢問處櫃檯——一位漂亮的黑髮女人在我面前鑽過圍繩，塞了一捆玫瑰到我的臂彎裡並親吻我。

「席拉就說一定是妳！」諾拉用濃濃的愛爾蘭腔說道，「我們看了每位下飛機的女人。我說：『那個頭髮太金了！』還有：『那個看起來太普通了！』席拉則一直說：『一定是穿藍色長褲套裝、個子小小的那一個！她看起來太興奮了！』」

上校變得急躁起來，於是大夥兒相互自我介紹。接下來，我們前往諾拉的車子，她和席拉坐在前座，而我則上了後座。上校堅持要開他的車跟在後頭，除非席拉讓他開車領路——她知道開到坎伯蘭飯店的路嗎？

「是凱尼沃爾斯飯店，」我糾正他。我解釋了兩間客房的狀況，而上校駭然地瞪視著我。

「呃，可是，」他轟然喊道，「某位陌生人在坎伯蘭飯店的房間裡放滿了美麗的玫瑰花啊！」

他立刻開往坎伯蘭飯店，去要回他的玫瑰花，而我則往凱尼沃爾斯飯店的方向前去，臂彎裡抱著諾拉的玫瑰，一邊心想著：「玫瑰，玫瑰，滿途的玫瑰」，一邊試著想起這句話究竟是誰寫的。

天空漆黑，下著雨，我們沿著一條高速公路駛著，如果我不知道這是一條通往我等了一輩子想去的城市的路，這條路看起來也很像是要前往任何一座城市的某條高速公路。諾拉正在對我說教，問我為何不跟她與席拉一起到北倫敦住呢？（法蘭克一直希望妳來跟我們住！）而當我們進入倫敦時，她們兩人都一起指向路邊的景色：

「那裡是皮卡迪利[36]！」

「這裡是西區[37]。」

「這兒是攝政街[38]。」而終於，席拉說：

---

36. 皮卡迪利（Piccadilly）：倫敦西敏市的一條主要街道，福南梅森食品店、皇家學院、倫敦麗茲酒店和哈查爾茲書店（Hatchards）皆位於此條街上。曾經位居英國最好的服裝店之一的辛普森（Simpsons），也曾於20世紀開設於此。

37. 西區（West End）：「倫敦計畫」中的兩大國際性中心之一，為倫敦重要的商業區與住宅區，擁有許多購物場所、劇院、電影院、餐廳、酒吧與娛樂場所。

38. 攝政街（Regent Street）：位於倫敦西區著名的購物街，以聖誕燈飾著稱。

「妳現在在查令十字路上了，海蓮！」

我朝外頭的一片黑暗望去，想要說些合適的話，但我只看到狹窄、潮濕的街道和幾間點著燈的服裝店櫥窗，這裡也很像是克里夫蘭[39]啊！

「我在這裡了，」我說道，「我在倫敦了。我終於成功了。」但這句話沒有真實感。

我們繼續前行，來到布魯姆斯伯里街[40]，並在一個黑暗的街角找到凱尼沃爾斯飯店。飯店是一棟褐砂石建築，有著一個寒酸卻附庸風雅的大廳，看起來很適合我。

我辦理了入住手續，年輕的櫃檯服務員遞給我一些信件，接著諾拉和席拉跟我一起上樓去瞧瞧第三五二號房。房間看起來舒適又怡人，有著能隔絕外頭雨聲的窗簾。諾拉從門口環顧整個房間，並表示：

「房間超美，海倫。」

「我的名字是海蓮。」我說。

她看起來有些驚訝，卻不為所動。

「我已經叫妳『海倫』二十年了耶！」她說，把頭伸進浴室窺視。浴室有一間淋浴間，但沒有浴缸。「席拉，快看，她有自己的盧（loo）！」

---

39. 克里夫蘭（Cleveland）：位於美國俄亥俄州的城市。

40. 布魯姆斯伯里街（Bloomsbury Street）：位於倫敦康登區（London Borough of Camden）布魯姆斯伯里區的一條街。

盧是廁所的意思，席拉認為這個詞是從滑鐵盧（Waterloo）來的。

我們回到樓下，發現上校在讓人昏昏欲睡的大廳裡生著悶氣——他發現他的玫瑰在坎伯蘭飯店的收發室地板上，已經死了一大半，因而和飯店管理人員吵了一架。

我們前往空蕩蕩但仍營業中的餐廳，上校叫住一位年輕的西裔服務生——服務生說他名叫阿爾法羅（Alvaro）——並讓我們點了三明治、茶及咖啡。

「妳抽太多菸了，海蓮。」在我們點餐之後，諾拉表示。

「我知道。」我說。

「妳太瘦了，」她繼續說，「我是不知道幫妳開刀的醫生是什麼樣的傢伙啦……但他居然讓妳在手術剛結束不久後就千里迢迢地旅行。子宮切除術可是個大手術呢！」

「是啊，媽。」席拉溫和地用她的大學腔調說。她跟諾拉交換了一個眼神，而諾拉格格地笑了出來。她們真是不可思議，能用自己的小代號溝通，還可以完成對方的句子，你永遠也猜不到她們居然是繼母女關係。席拉是名二十多歲的漂亮女孩，說話簡明有力又泰然自若。（「就跟法蘭克一模一樣！」諾拉告訴我。）

諾拉因為發現自己跟上校都同時在兩年前喪偶而大感震驚。他有一個女兒，這星期六就要在鄉下結婚了。

「好了，妳們三位女孩何不穿上妳們最漂亮的洋裝，來參加婚禮呢？」他開朗地邀請道，「這會是一場超棒的婚禮！」

我拒絕了。而如果我不去，諾拉當然也不考慮要去，所以她也**遺憾地**拒絕了。（「我不認識他啊，海蓮。」只剩我們兩個人時，她說。而我則接著說道：「誰認識他啊？！」）

他們在十一點時離開了。諾拉說明天讓我好好休息，星期六再打給我討論訪談的事情。（「BBC要同時採訪我們兩個耶！妳把我們大家都變有名了！」她說。）

上校說他會在鄉下待個一週左右，回到倫敦後會再打給我，然後「規劃一個小小的旅行，漫遊美好的鄉間。」

我回到樓上，打開行李，取出一些東西，接著帶著櫃檯給我的信件爬上床。

我收到來自家鄉的老朋友艾迪（Eddie）和伊莎貝爾（Isabel）的明信片。他們表示會在星期一進城來接我，帶我去觀光。

還有一張來自德意屈出版社的卡門的字條：

歡迎！

我知道妳應該很累，但明天早上十點會有一位《倫敦標準晚報》的記者來這裡見妳。會有人在十點前來接妳。

星期六的下午兩點半，BBC想要在「本週國際單元」採訪妳與鐸爾太太。

星期一的下午三點半有一場「女性時光」的採訪，也會在BBC廣播大樓進行。

星期四，我們會帶妳參觀各間書店，包括「馬克斯與柯恩書店」（雖然已經停止營業，但店址猶存，我們想要在那裡幫妳拍照）。下午兩點半，在隔壁查令十字路86號的人民書店，會有一場簽書會。

星期四晚上，安德烈‧德意屈會為妳舉辦一場晚宴，讓妳認識德意屈的高階職員們和一位著名的記者。

光是要記得這些日期就令我感到焦躁不安，於是我下了床，用我的口袋備忘錄製作了一份日曆。我同時也感到不安，我不知道該如何告訴卡門，我是不拍照的。我很神經質，我不喜歡我的臉。

我躺下來，聆聽雨聲，感覺一切都很不真實。我待在一間舒適的飯店房間裡，但這間房間其實在任何地方都能成立。在等待了這麼多年之後，倫敦卻讓我毫無真實感。我只感到失望，而我的五臟六腑也正在告訴我──這整趟旅程其實是不必要的。

六月十八日，星期五

　　鬧鐘在八點響起，我走到窗邊，想看看外頭是不是還下著雨。我拉開窗簾——在我有生之年，我都不會忘記這一刻——面對著我的對街，是一排整潔的狹長磚造房屋，它們都有著白色的屋前階梯。這是很基本的十八世紀（或十九世紀）的房屋，光是看著它們，我就知道我人在倫敦。我興奮到暈了頭。我等不及要踏上那條街道。我抓了衣服，衝進浴室，然後跟前所未見的糟糕淋浴間展開一場沒有勝算的搏鬥。

　　淋浴間是一個四呎長的方形隔間，裡頭只有一個無法調整的水龍頭，固定在後方的一個角落。一開始轉開水龍頭時，水是冷的。於是我只好繼續轉著水龍頭，直到水夠熱到可以洗澡時，水量已經開到最大了。接著我爬進淋浴間，蹲在水流後頭的角落，以防自己溺死。我光是不小心掉了塊肥皂，就害我的浴帽被洪流沖飛，而我那價值十五元、美髮師做的頭髮也隨排水管付諸東流了。我關掉水龍頭，充滿感激地踏出淋浴間（幾乎像是泡在四呎深的水中）。我花了十五分鐘，用一張浴室踏墊和兩條浴巾來拖乾地板，泡一泡、扭一扭、泡一泡、扭一扭……幸虧我有把浴室門關起來，不然我的行李箱大概已經被沖走了。

　　早餐後，我走到雨中，去看看那些房子。飯店位於大羅素

街和布魯姆斯伯里街的交叉口。飯店大門外的大羅素街是一條商店街，而我從窗戶看到的那排房屋則坐落在布魯姆斯伯里街。

我慢慢地沿著街道行走，凝望著對街的房屋。我走到街角，來到一個名叫貝德福德廣場（Bedford Square）的陰暗小公園。在公園的三側，有更多排整齊的狹長磚屋，這些房子比我之前看到的更加美麗，也更被悉心照顧著。我在公園的長椅坐下，看著這些房屋。我的心在震盪。我這輩子從來沒有如此快樂過。

我這一生都在期盼來倫敦看看。我曾經為了看看有著這樣房屋的街道而去看英國電影。我在黑暗的戲院裡盯著螢幕，我多麼想沿著這樣的街道散步啊……這股慾望如同饑餓一般咬嚙著我。有時候在家裡一邊閱讀著赫茲利特[41]或是李·杭特隨便一段有關倫敦的描述時，我會突然放下書本，被一股排山倒海的渴望所席捲，彷如思鄉之情。我想見一眼倫敦的心情，就像老人在臨終前想再見一眼老家的心情。我曾經告訴自己，對於一位母語和莎士比亞相同的作家與愛書人而言，這樣的心情是很自然的。但坐在貝德福德廣場長椅上時，我並沒有想到莎士比亞——我想到的是瑪莉·貝利

---

41. 威廉·赫茲利特（William Hazlitt，1778－1830）：英國散文家、戲劇和文學評論家，被認為是英語歷史上最偉大的評論家和散文學家之一，地位堪比山繆·約翰遜（Samuel Johnson）和喬治·歐威爾（George Orwell）。

（Mary Bailey）。

我的血脈非常複雜，其中包括一個信奉英國貴格會[42]、名叫貝利的家族。這個家族中有個女兒叫瑪莉・貝利，她在1807年生於費城，是我小時候唯一感興趣的一位祖先。她遺留下一幅編織畫，而我曾經盯著那幅編織畫，渴望從這幅作品上了解她。我也不知道我為什麼會對這個如此感興趣。

坐在貝德福德廣場上，我提醒自己，瑪莉・貝利出生於費城，死於維吉尼亞州，或許這輩子從來沒有到過倫敦。但這個名字一直停留在我的腦海中。也許她是以誰的名字命名？也許是她某個生於倫敦想再次返鄉的祖母或曾祖母？我坐在這裡，一心想著那位已逝的瑪莉・貝利或某位同名的瑪莉，如今終於找到一位能代替她返鄉的後代了。

我回到飯店，打扮了一番，好讓自己可以在德意屈出版社的人面前留下好印象。我刷了一下我的海軍藍套裝外套（家鄉的人肯定無法相信我居然這麼做），並花了半個小時研究如何將我嶄新的紅白藍圍巾繫成領巾狀，好讓我看起來像是一位英國人。接著我下樓到大廳去，背挺得筆直地坐在門邊的椅子上，一動也不敢動，生怕又把自己的服裝弄亂了。一位年輕的秘書突然走進大廳，護送我到大羅素街上與飯店相

---

42. **英國貴格會（Quaker）**：基督教新教的一個派別，又稱公誼會或教友派。

隔了三大棟房子的德意屈出版社。

　　我見到了卡門——她說話輕快且講求效率，打扮得相當戲劇化——接著一位來自《倫敦標準晚報》、精神抖擻的年輕記者採訪了我，她名叫薇樂莉‧詹金斯（Valerie Jenkins）。採訪結束之後，我們三個人與一位攝影師，一起擠進一輛計程車，卡門對駕駛說道：

　　「查令十字路84號。」

　　我心中惴惴不安，明白自己正在前往那個地址的路上了。我從「查令十字路84號」買書已經二十年，我在那裡結交了素未謀面的朋友們。我在「馬克斯與柯恩書店」買的書大部分其實應該都可以在紐約買到，多年來，我的朋友都建議我「試試看歐瑪莉書店（O'Malley's）」、「試試看道勃跟派恩書店（Dauber & Pine）」……但我從來沒有照他們的建議試過。我想要跟倫敦保持關係，而我也辦到了。

　　查令十字路是條狹窄、吵雜的街道，交通擁擠，滿街盡是二手書店。書店前的開放攤位堆著許多舊書和雜誌，在朦朧的雨中，隨處可見人們正安靜地在攤位翻閱著書。

　　我們在84號下車。德意屈出版社的人已經將空曠的櫥窗擺滿了我的書。而在櫥窗之後的書店內部，看起來既空蕩又晦暗。卡門到隔壁的普爾書店（Poole's）拿了鑰匙，開門讓我們進入昔日的「馬克斯與柯恩書店」。

　　兩間大房間的裝潢都已經被拆除了。就連厚重的橡木書架都從牆上被拆下，滿是灰塵地被棄置在地上。我爬上樓，到了另一層充滿空蕩蕩、陰森森房間的樓層。原先在窗戶上拼出「馬克斯與柯恩書店」的字樣也已經從窗戶上被扯下，有些仍躺在窗檯上，白色的油漆片片地碎裂、剝落。

　　我走下樓，心中想著一個人，我曾經與他通了這麼多年的信。樓梯下到一半時，我將手放在橡木扶手上，默默地在心裡對他說：「如何，小法蘭克？我終於來到這裡了。」

　　我們到了外頭——我不發一語地站在那裡，順從地讓他們幫我拍照，彷彿我很習慣這麼做。我迫切地想給別人留下好印象，不想造成任何麻煩。

　　當我回到飯店時，有人在櫃檯留了封信給我。發信者是派特·巴克禮，琴·易利替我聯絡的那位伊頓公學老校友。

　　信件開頭沒有任何問候語，只有：

　　琴·易利寫信來說妳是第一次來到這裡。妳星期日的七點半可以來這裡一起共進晚餐嗎？——接著我們一起開車晃一晃，看看老倫敦。

　　在星期六或星期日早上九點半之前打給我。

匆忙留筆——
P.B.

六月十九日，星期六

極度心灰意冷。

剛吃完早餐上樓，並打給了派特・巴克禮。

「噢，是的，」他用很濃的大學腔調說道，「哈囉。」

我告訴他我很樂意明晚一起共進晚餐，並問他是否有其他人會一起加入。

「我沒有要幫妳辦晚餐派對！」他不耐煩地說，「琴寫信說妳想要看看倫敦！」

我結結巴巴地告訴他我很開心我們可以獨處，我會這麼問只是因為我想知道我該怎麼打扮。如果只有我們兩個人，我可以穿褲裝就好了。

「噢，老天，妳非得這樣不可嗎？」他說。「我痛恨女人穿長褲。我猜我這樣可能有點老古板，但我真的覺得妳們穿褲子看起來很糟。好吧，如果妳非得這麼穿，妳就穿吧。」

外頭只有華氏五十度，還下著雨，我才不要為了他穿上一條夏天的短裙呢！

諾拉剛打來，她今天下午兩點會來接我去參加採訪。

「妳就位在大英博物館的正後方呢，海倫，」她說，「去閱覽室坐一坐吧，那邊很舒適的。」

我告訴她我在紐約已經逛夠多博物館了，天知道我這輩子已經花了多少時間坐在多少個閱覽室，我早就坐膩了。

我現在要出去跟濕氣搏鬥並遊覽布魯姆斯伯里了。

午夜

諾拉跟我在廣播大樓接受採訪，這是我在這裡所見的唯一一棟現代的建築物，而我衷心希望不要再看到第二座了，真是奇醜無比──這塊巨大的半圓花崗岩石塊，看起來太胖了。這裡的人不懂摩天大樓。而紐約人則是不懂除了摩天大樓之外的任何東西。

採訪我們的人真是**卓越**。首先她告訴廣播的觀眾，儘管諾拉跟我已經通信了二十年，但我們從來沒有見過面。接著她轉向我們倆，問我們對對方有什麼看法？現在我們終於見面了，我們有失望嗎？還有，如果我們從來沒有通信過，才剛剛認識對方，我們會喜歡對方嗎？

「這些都是些什麼問題啊？」當我們出來之後，諾拉質問道，「**如果我們剛認識，我會喜歡妳嗎？我怎麼知道我會不會喜歡妳啊？我已經認識妳二十年了耶，海倫！**」

　　她載我離開波特蘭廣場街[43]，路經攝政公園[44]的園區，我一眼就愛上了那裡。我們還經過溫坡街[45]和哈利街[46]——我坐在車子裡，感覺自己活像是被鎖在一個爬不出來的金屬籠子裡。外面仍下著雨，我會在雨停的第一天回到這裡來的，等著瞧吧。

　　有一排半月形的納西建築——我不太清楚納西[47]是什麼時代的人物，但他蓋出了這些散發出濃烈博・布魯梅爾[48]和提

---

43. 波特蘭廣場街（Portland Place）：倫敦西敏市的一條街道，街上有許多外交機構，包括中國駐英國大使館、波蘭駐英國大使館、瑞典大使官邸、葡萄牙領事館和哥倫比亞領事館等等。

44. 攝政公園（Regent's Park）：位於倫敦市中心的公園和住宅區，是倫敦御苑之一，也是倫敦可供戶外運動最大的公園。

45. 溫坡街（Wimpole Street）：倫敦西敏市的一條街道。1838年，女詩人伊莉莎白・巴雷特（Elizabeth Barret）便與其家人住在溫坡街50號，直到1846年與羅勃特・白朗寧私奔。根據他們的故事寫成的戲劇《溫坡街的巴雷特一家》，使得溫坡街變得出名。

46. 哈利街（Harley Street）：著名的「百年醫療街」，亦是全世界醫療最集中的一條街。此條街上聚集了英國最好的美容整容機構、心臟病專家、體檢中心、癌症治療機構等，據說此處也是人工授精成功率最高的地方，也因此成為名人、名流、皇室等的醫療首選。

47. 約翰・納西（John Nash，1752－1835）：英國建築師，也是英國攝政時期倫敦的主要設計者。

48. 博・布魯梅爾（Beau Brummell，1778－1840）：英國攝政時期的標誌性人物，不僅相貌堂堂，更深諳時尚之道，設計出簡潔的三件式西服套裝，被譽為「現代男裝之父」。法國作家巴爾扎克也曾在《風雅生活論》中討論布魯梅爾式的生活風格，並將其比喻為「風雅生活中的拿破崙」。

茲爾夫人⁴⁹風姿的奢華高大白色房屋——雨勢暫緩時，我們下了車，坐在一張公園的長椅上，欣賞著這些半月形建築。我們分別選了一些我們想買的房子，如果下輩子我們含著金湯匙出生。

諾拉告訴我，她在戰前從愛爾蘭來到倫敦時，是位窮苦的女僕。她曾在某位仕紳的家中當過廚房女傭，替小黃瓜三明治切出跟紙一樣薄的麵包片。

她載我到她位於高門⁵⁰的家中吃晚餐。在法蘭克過世，以及小女兒結婚後，她跟席拉在那裡買了一棟房子。我們開車經過漢普斯特德荒野⁵¹，而諾拉在卡爾·馬克思⁵²下葬的公墓外停了車。鐵門鎖上了，但我從牆的上方探頭看了看他。

他們的家位在北倫敦高高的山丘、一條漂亮的郊區街道上，每棟房屋都有座玫瑰盛開的花園，玫瑰像火焰般點燃了

---

49. 提茲爾夫人（Lady Teazle）：愛爾蘭劇作家理察·布林斯利·謝立丹（Richard Brinsley Sheridan）的戲劇《造謠學校》中的虛構角色。

50. 高門（Highgate）：北倫敦郊外的一個地區，為倫敦郊外住宅價格最昂貴的地區之一。

51. 漢普斯特德荒野（Hampstead Heath）：位於倫敦的大型古老公園，其上的沙丘為倫敦的最高點。為倫敦著名的自然景觀之一。

52. 卡爾·馬克思（Karl Marx，1818－1883）：猶太裔德國哲學家、經濟學家、社會學家、政治學家、歷史學者、革命社會主義者。出版過大量理論著作，其中最著名的作品為《共產黨宣言》與《資本論》，其理論統稱為「馬克思主義」。被認為是人類歷史上最有影響力的人物之一，與德國哲學家尼采、奧地利心理學家佛洛伊德並列為「新哲學學說的奠基者」；與法國社會學家涂爾幹、德國政治經濟學家馬克斯·韋伯並列為「現代社會科學建立者」。

街道。這裡的玫瑰顏色很狂野，就像是新英國的秋天——不只有紅色、粉紅色和黃色的玫瑰，還有薰衣草色、藍色、紫色和橘色的玫瑰。每個顏色都有自己獨特的香氣，我發狂似地在諾拉的花園裡四處嗅著玫瑰。

我們吃了草莓當甜點，搭配濃郁的英式奶油，而正當諾拉要吃掉最後一顆草莓時，她抬頭看了席拉一眼，神情駭然，說道：

「我又想到『絕對不會』了，席拉！」

她一邊吃著草莓，一邊哼著一首老童謠，以算出她什麼時候才會再婚：「今年、明年、將來某一天、絕對不會。」而當答案是「絕對不會」的時候，席拉就會安慰她。比起繼女，席拉更像是諾拉的媽媽。

諾拉剪了一大把能塞滿我臂彎的新鮮玫瑰給我，席拉載我回家。她在郊外的學校教書。有兩名男士正在和她約會當中，她似乎認為這兩個人都很無趣，她還沒有遇到讓她想結婚的對象。

我回到飯店大廳時引起了一陣興奮的喧嚷，因為《倫敦標準晚報》的採訪刊登出來了。其中一位櫃檯的服務人員幫我留了一份報紙。其中一段寫著：

她筆挺地踏入倫敦，身穿一套來自薩克斯百貨公司

（Saks）的別緻海軍藍套裝，繫著法式領巾。

我花了半天搞死自己想把圍巾繫成英式領巾風格，結果原來是法式風格啊！真是我的人生寫照。

你無法想像被別人形容別緻，對我來說是件多好笑的事情。我只是穿著我這輩子都在穿的衣服，多年來，別人都覺得我走的是混亂版的波希米亞風。好比說吧，我的嫂嫂愛麗絲每年都會四處奔波，想找個合適的肩包送我當聖誕禮物，因為我從不提手提包，但製造商又很少出產肩包，因為沒人揹啊！（手提包根本是在逼人從皮夾、眼鏡還有香菸中做選擇。三選二，包包也許還關得起來吧？）我也不穿高跟鞋，因為我喜歡走路，萬一腳痛了就走不了路了。還有，我總穿著牛仔褲跟長褲，因為短裙在冬天時太通風了，還會妨礙行走。穿褲子的好處還有，不會讓人發現自己的其中一隻褲襪破了個洞！

長年下來，我一直都是時尚夢魘——穿著低跟鞋、褲子，揹著肩包到處跑來跑去。我到現在也還是常常這樣子到處跑來跑去！一輩子死性難移的我，真的會被我的套裝在《倫敦標準晚報》所得到的瘋狂回饋給笑死。

六月二十日，星期日

　早餐後，我帶著我的地圖啟航，準備去布魯姆斯伯里探險。我迷了好幾次路——原來當地圖上的左邊有一條路時，不一定是現實中的左邊啊⋯⋯好幾位紳士特地離開傘下，替我指引方向。

　午餐後，天放晴了。我躺在附近一座公園的躺椅上，沉浸在霧中。在離旅館非常近的地方，有三座跟手帕差不多大小的公園。而我所在的公園就在大英博物館的後面。大門上的標示寫著：

羅素廣場

———

請勿亂丟垃圾

———

帶狗人士請務必掌控寵物

　廣場中央有一座玫瑰花園，而在那之中則有一個被圍繞在中央的鳥盆——一塊大理石石板，中心噴出細細的水柱。鳥兒可以站在周圍喝水或清洗羽毛，而不必擔心會溺水。我真心希望設計出這個東西的人可以去解決一下我飯店房裡的淋浴間災難。

一位穿著制服的年長紳士走了過來，欠身致意，說道：

「四便士，謝謝。」

使用躺椅的費用。

他對這天氣表示遺憾，整座廣場裡只有我跟他。我說雨對玫瑰而言是件好事，他告訴我倫敦這些廣場的園丁，每年都在比賽誰能種出最美的玫瑰。

「我認真覺得今年我們的園丁有機會可以贏。」他說。我告訴他我絕對支持羅素廣場的園丁。

必須去為派特・巴克禮換上海軍藍套裝了。我可能會故意使壞，繼續穿我第二好的棕色套裝也不一定，天氣不好嘛！

午夜

我已經坐在床沿一個小時，感到目眩神馳。我告訴他，就算我今晚就要死了，我也無憾了。所有事物都在這裡了，一切都圓滿了。

派特・巴克禮住在盧特蘭門（Rutland Gate），在騎士橋[53]

---

53. 騎士橋（Knightsbridge）：「倫敦計畫」中的兩大國際性中心之一，為倫敦市中心西部的地區，該區以極度昂貴的住宅區，以及高檔零售店的密度（著名的哈洛德百貨公司和夏菲尼高皆坐落於此）而著稱。

或是肯辛頓[54]區域，總之落在觀光地圖的左下角。我搭著計程車前往。盧特蘭門是一個被白色石造房屋圍繞著一塊綠地廣場所組成的小聚落。在倫敦的一切似乎都圍繞著一塊綠地廣場，彷彿隨處都可見到小小的綠洲。

他的公寓在一樓。我按了門鈴，他開門說道：

「哈囉，妳找得到嘛！」

他很瘦──細瘦的身材、消瘦的臉、中年──還有著那種有點輕、尖銳的英式嗓音，又悅耳又中性。他拿了我的外套並引導我進入一間奧斯卡·王爾德[55]式的會客室。牆上掛了一幅他母親穿著上流社會般社交禮服的全身畫像。另一面牆上的玻璃櫃裡，展示了他所收集的紳士用名片盒──有金色、銀色、鑲嵌著珍珠的黑瑪瑙、象牙搭配金色花絲的各種小方盒，每件都獨一無二。這批耀眼奪目的收藏是他的興趣。

他為我倒了杯雪利酒。當我跟他說我覺得伊頓公學很讓人嚮往時，他拿出他的伊頓公學畢業紀念冊，給我看他的班級照片。

---

54. 肯辛頓（Kensington）：倫敦西部的地區，著名的肯辛頓花園即位於肯辛頓的東北部。

55. 奧斯卡·王爾德（Oscar Wilde，1854－1900）：愛爾蘭作家、詩人、劇作家，英國唯美主義藝術運動的倡導者。以其短詩、小說《道林·格雷的畫像》及戲劇作品聞名，他的牢獄生涯和早逝也是人們關注的話題。

　　我們在飯廳裡一張典雅的桃花心木餐桌上用餐，搭配沉甸甸的英式銀器。他有位在下班前，會幫他跟他的客人留點冷盤、泡咖啡跟擺好餐桌的女傭。餐桌的擺設大致跟我家鄉相同——叉子在左邊，刀子和餐匙在右邊——只不過餐盤上還多了生蠔叉跟湯匙。我等他先開動，以觀察要如何使用這些餐具。

　　在吃了雞肉沙拉之後，我們接著吃草莓搭配鮮奶油——原來是要這樣用啊——先用生蠔叉插起一顆草莓，用湯匙舀一些鮮奶油，再將草莓放到湯匙上，然後一口吃掉。

　　晚餐後，我們一起上了他的車。他並沒有問我想去哪裡看看，而是直接載我到環球劇場[56]曾經矗立的街角。那裡現在已經什麼都沒有了，只剩下一塊空地。我請他停車，一個人走出車外，站在空地上。我感覺自己的腦袋簡直要爆炸了。

　　他也跟著下了車，我們在附近的暗巷裡徘迴——莎士比亞的巷弄，現在還在。還有狄更斯的巷弄——他指著一名偷偷摸摸從古老石窗內探出頭來的小扒手道奇[57]給我看。

　　他帶我到一間叫做「喬治」的酒吧。而在替我開門時，他

---

56. 環球劇場（Globe Theatre）：位於倫敦的劇場，最初由威廉‧莎士比亞所在的宮內大臣劇團於1599年建造。該劇場於1613年毀於火災，隔年重建，並於1642年關閉。1997年原址附近新蓋了一座仿造的環球劇場，命名為「莎士比亞環球劇場」或「新環球劇場」。

57. 小扒手道奇（Artful Dodger）：狄更斯筆下《孤雛淚》中的虛構人物。

用他那輕柔且中性的嗓音說道：

「莎士比亞曾經光顧過這裡。」

我竟然真的走過一扇莎士比亞曾經走過的門，然後進到一間他熟知的酒吧！我們坐在酒吧深處靠牆的座位，我將頭向後仰，靠在莎士比亞的頭曾經靠過的牆上，那感覺真是難以言喻。

酒吧裡擠滿了人。人們靠著吧檯站著，每張桌子都是滿的。我突然開始對這些又吃又喝的遲鈍人們感到惱怒，他們一點都沒搞懂自己現在身處何方啊！於是我暴躁地說：

「要不是因為這些人，我現在幾乎可以想像莎士比亞走進這裡的情景了。」

話一出口，我就知道我說錯話了。

他在我還沒開口前說道：

「噢不，沒這回事。這些人一直都是這樣的。」

他們當然是！仔細一看，遠方正在跟酒保說話的不就是金髮、蓄鬍的治安法官夏洛[58]嗎？再沿著吧檯繼續看下去，織布匠巴頓[59]也正在跟尖臉的巴爾道夫[60]抱怨冗長的瑣事。而在

---

58. 夏洛（Justice Shallow）：莎士比亞筆下的虛構人物，曾出現於《亨利四世》與《溫莎的風流婦人》中。

59. 巴頓（Bottom the Weaver）：莎士比亞筆下《仲夏夜之夢》中的虛構人物。

60. 巴爾道夫（Bardolph）：莎士比亞筆下的角色，曾數次出現在其不同齣戲劇當中。

我們隔壁的座位，穿著花裙、戴著白色鍋型帽的魁格利夫人[61]已經笑到快要中風了。

他將我拽出酒吧，並載我去聖保羅大教堂，讓我在昏暗的街燈下看它一眼。我很想要爬上階梯，去觸摸這座埋葬了鄧約翰的教堂的大門，但只能改天了。反正它明天還是會在這兒，我還有時間，還有時間。

他接著載我去看倫敦塔。它比我想像得還要巨大跟恐怖，就像蟄居在中世紀的一座惡魔島。我們在十點抵達，剛好得以觀賞守衛將塔樓外的鐵柵門鎖上。儘管他們身穿耀眼的黑紅色制服，但在暗夜逐漸籠罩之際鎖上監獄大門的這項差事，還是讓守衛們顯得又冷峻又嚇人。我幾乎可以想像年輕的伊莉莎白正坐在石牆後的某處，準備寫信要求血腥瑪麗[62]改用劍而非斧頭來將自己斬首。

將柵門鎖上後，守衛們便朝塔樓的大鐵門走去。鐵門升起讓他們通過，接著又降下，哐噹一聲在他們身後關上，接著我身旁輕柔的嗓音又響起了：

---

61. **魁格利夫人（Mistress Quickly）**：莎士比亞筆下的角色，曾數次出現在其不同齣戲劇當中。

62. **血腥瑪麗（Bloody Mary，1516－1558）**：瑪麗一世（Mary I），為英國和愛爾蘭女王、都鐸王朝第四位和倒數第二位君主。她於其同父異母的弟弟愛德華六世死後繼承其王位，恢復羅馬天主教（舊教），取代她父親亨利八世在英國宗教改革提倡的盎格魯宗（新教），在此過程中，她下令燒死300名宗教異議人士，得名「血腥瑪麗」（Bloody Mary）。

「他們這七百年來，從沒有一晚沒鎖上門。」

我感到十分震驚。就算只回顧近三百年，倫敦也經歷了像是大火、大瘟疫、克倫威爾[63]的革命、拿破崙戰爭、第一次世界大戰，還有第二次世界大戰等事件⋯⋯

「他們一直都如此大費周章地照著儀式來鎖門嗎？」我問他，「每一晚都不例外？就連倫敦大轟炸[64]時也是？」

「噢對，沒錯。」他說。

把那寫在希特勒的墓碑上吧！把那轉達給偉大的美利堅愛國者華納・馮・布朗[65]吧！倫敦每四間房子大概就有一間是被他所設計的炸彈摧毀的。

我試圖在他載我回家時向他道謝，但他說：

「噢，我才該謝謝妳！大部分美國人不會想走這樣的行程。他們只會坐我的車晃個十五分鐘，然後直奔多徹斯特酒店的酒吧！」

他說大部分他認識的美國人都沒有見過真正的倫敦。

---

63. 奧立佛・克倫威爾（Oliver Cromwell，1599－1658）：英國政治人物、國會議員、獨裁者，在英國內戰中擊敗了保王黨。於1649年斬殺查理一世，廢除了英國的君主制，並征服蘇格蘭、愛爾蘭。

64. 倫敦大轟炸（The Blitz）：第二次世界大戰中納粹德國對倫敦實施的戰略轟炸，轟炸範圍遍及英國的各大城市和工業中心，但以倫敦受創最為嚴重。

65. 華納・馮・布朗（Wernher von Braun）：德國／美國火箭專家，為二十世紀航太事業的先驅之一，也曾是納粹德國著名的V2火箭的總設計師。

「他們會從希爾頓飯店（the Hilton）搭計程車到哈洛德百貨，再從哈洛德百貨搭到劇院，最後從劇院搭到多徹斯特酒店的酒吧。」

他說他認識四位美國的生意人，他們來倫敦一個禮拜，卻完全不曾踏出希爾頓飯店。

「他們整天就跟電話和一瓶蘇格蘭威士忌一起關在自己的房裡，他們何必離開美國？」

他遞給我一張清單，上頭寫著一些值得一看的景點，不過他並沒有提議要帶我去看。

六月二十一日，星期一

　　艾迪和伊莎貝爾今天早上來接我去觀光。伊莎貝爾是我的老同學，他們倆現居德州。他們是我所認識最傳統、保守的人了。

　　今早陽光明媚，而當他們來接我的時候，我被他們的模樣給打動了——伊莎貝爾穿著棉質連身服搭配一件花襯衫，而艾迪則穿著運動衫跟長褲。這還是我第一次沒看到他們倆穿得又正式又體面。至於我，我三點還要去廣播大樓接受探訪，因此在可能來不及回來換衣服的前提下，我穿了在打折時購買的米色亞麻長褲套裝。相較於他們，我真是穿得太過隆重了。

　　他們曾經來過倫敦，也看過那些景點了，所以我們一整個上午都在商圈閒逛。他們喜歡瀏覽商店櫥窗、購買古董和好的花布，而我們也這麼做了。到了午餐時間，當我們沿著一條街閒晃時，我突然停下腳步，瞠目結舌。因為在我們前方的，正是克拉里奇酒店。

　　克拉里奇是所有諾爾·寇威爾筆下的人物吃午飯的地方。倫敦上流社會的人士魚貫地昂首闊步走入克拉里奇酒店，我已經在心中憧憬著這幅畫面好多年了——而如今，我眼前的倫敦時尚人士們，還是魚貫地昂首闊步走入克拉里奇酒店。

　　艾迪問我目不轉睛地在看什麼，我解釋給他聽。

「行！」他迅速地說。「那我們就在克拉里奇吃午餐。」

這樣當機立斷的慷慨作為很符合他的作風。我正等伊莎貝爾開口說：「可是艾迪，我們現在穿這樣欸！」但讓我驚訝的是，她居然沒有。

「我們又不是不付錢。」艾迪嘲諷地說，接著就抓住我們倆的手臂，驕傲地領著我們走進克拉里奇酒店。

我天生就是個不修邊幅的人。在家鄉的時候，我根本不在乎自己看起來是什麼樣子。但是我們現在可是在克拉里奇酒店呢！我在那優雅綽約的廳裡待滿了一整段的午餐時光，被一桌桌打扮得一絲不苟的倫敦人所環繞，還夾在兩個穿得像是要去野餐的快樂德州人之間——他們對於能帶我到這個特別的地方，感到既寬慰又開心。

午餐後，他們陪我一起去廣播大樓，接著又繼續逛商店櫥窗。六點時，我們來到劇院區。有許多人在奧德維奇劇院[66]排著隊，想看看能否買到最後時刻的退票，以看一場《仲夏夜之夢》[67]。艾迪跟隊伍中的一名男子說了幾句話，接著回到我們身邊，說道：

「通常都會有人退票。如果我們現在開始排隊，大概可以

---

66. **奧德維奇劇院**（Aldwych Theatre）：倫敦西區的劇院，於1971年被列入英國二級保護建築。

67. **《仲夏夜之夢》**（A Midsummer Night's Dream）：莎士比亞創作的浪漫喜劇，為莎士比亞最流行的劇本之一，在全世界都有上演。

在七點售票亭開賣時買到票。七點半演出正式開始,我們可以看完之後再吃晚餐。」

這可是由彼得‧布魯克[68]製作、皇家莎士比亞劇團[69]演出的戲劇!為了拿到一張票,我甘願犧牲我一週的壽命。我曾試著透過飯店為諾拉、席拉跟我買票,但整個檔期的票都被買光了,這是我唯一買不到票的一場表演。但我再怎麼想看這場表演,我也無法接受我們就這樣子直接走進劇院——穿著我們都已經穿了一整天的服裝,而且幾乎一整天都沒有洗臉。但是艾迪跟伊莎貝爾這兩個在休士頓絕對不可能以這副模樣走進劇院的人,顯然已經準備好要在倫敦這麼做了。

這整件事對我來說如同做學問般艱難——我根本無法在隊伍裡堅持十分鐘,更不用說是一小時了。我幾乎整天都咬緊牙關站在商店櫥窗外窺視商品,而我的身體很顯然吃不消。我告訴他們,今天就到此為止吧。在我的五臟六腑從我的身體裡掉到街道上之前,我想找個地方坐著休息一下。因為他們倆都是我的老朋友了,因此他們立刻就拋棄了這個計畫。我們一起前往路旁的一間小酒館。

---

68. 彼得‧布魯克(Peter Brook):英國知名戲劇和電影導演、二十世紀重要的國際劇場導演。於1962年進入皇家莎士比亞劇團,1974年加入巴黎北方滑稽劇院。2019年獲阿斯圖里亞斯女親王獎藝術獎。

69. 皇家莎士比亞劇團(Royal Shakespeare Company;簡稱RSC):英國最具有影響力的劇團之一,也是目前世界上規模最大、組織最健全、經費最足、演出水準最高的職業劇團之一。

　　我回到飯店時突然醒悟——他們倆與我竟然發展出完全相反的角色——它們倆在沒有任何人認識他們的國外，放棄了他們身上既有的許多社會約束。而我在這樣一個沒有任何人認識我的地方，卻發展出一套全新的社會約束，是我在家鄉從未有過的。很瘋狂吧？

　　卡門剛打給我，提醒我明天有簽書會跟德意屈的晚宴。我告訴她我在旅行用的時鐘旁放了一個日曆，所以每天早上關掉鬧鐘時，第一個映入我眼簾的就是我的行程記錄。

　　我問她要是沒人來參加簽書會，我該怎麼辦？她伶俐地告訴我，那就跟經理聊天！他是我的書迷。「然後二十分鐘後再跟他說妳頭痛，他就會幫妳叫計程車。」她說。

六月二十二日，星期二

　　我們在雨中拜訪了各間書店。他們都將《查令十字路84號》展示在明顯的位置，所有的書店經理和業務人員都對我又是鞠躬，又是燦笑，又是握手……而在經過第三間書店之後，我的態度已經變得既高雅又和藹，彷彿我本來就很習慣這種事情一樣。我們在兩點半時抵達普爾書店，準備開始簽書會──你相信嗎？在下著雨的星期二，居然有一大堆人排著隊要領我那**貴重**的簽名？！

　　他們在隊伍前方為我設置了一張桌子和椅子，我坐下來，詢問第一位男子的姓名，並請他告訴我一些關於他的事情，好讓我可以為他寫些個人的話，我就是無法克制我那非得將留言寫滿整頁的習慣。

　　一位從加州來的女士重重地在桌上放下十二本書，接著拿出一張清單開始逐本解釋──這本是給我正在住院的哥哥阿諾的，妳可以寫點鼓勵的話嗎？這本是給隔壁幫我澆花的普拉特太太的，還有這本是給我的媳婦派蒂的，請妳寫「給派蒂，來自克勞佛媽媽，透過──」……總共十二本。我時不時瞇著眼看看等待的隊伍（我沒戴眼鏡，因為我可是個名人呢！），並為了要讓他們久等而向大家道歉。他們只是微笑著，並繼續耐心地等待，這些人真是太不可思議了。

差不多簽到隊伍的最後時，我自動地詢問下一個人，並沒有抬頭看——「先生，請問你的名字是？」對方溫和地回答：「派特・巴克禮。」我抬起頭來，看到他抱了兩本書站在那裡。我告訴他我想要送他一本，接著幫他簽了兩本要送他朋友的書。

他問我，如果他要「稍微規劃一點出遊的行程」，星期六我會有空嗎？我回答他，不論是規劃在哪一天的行程，我全都有空。他露出燦爛的笑容，並表示他會再跟我聯絡。

在簽書會結束之後，我跟經理波爾特先生（Mr. Port）一起喝了點雪利酒（這是真的）。他交給我一封別人留給我的信，我將信放入肩包並帶回飯店，我現在才想起這件事。我拿出信，打開它。

親愛的漢芙小姐，

歡迎妳來到英國。一位來自費城的贊助人寄了妳的書給我們，我們非常喜愛這本書，而我們所有的朋友們也都是如此。

我好奇妳下星期一——也就是六月二十八日——是否有空呢？不知妳是否願意跟我們一起欣賞彼得・布魯克製作的《仲夏夜之夢》？在皇家莎士比亞劇團於倫敦的劇院——奧

德維奇劇院演出。我們會帶兩位澳洲的朋友一同前來，他們也都是妳的著作的愛好者。

我的先生是英國人，我也是，不過我的母親是美國人。如果妳有空前來，我們都會很開心的。妳可以打給我嗎？然後我們可以計畫一下要在哪裡碰面，並先吃頓飯。

誠摯的，

喬伊絲‧格倫菲爾[70]

我感覺老天爺從天堂彎了個腰，並將一顆金色的星星貼在我的額頭上！

我正坐在這裡為德意屈的晚宴打扮，穿著絲質的小禮服搭配大衣。我比預定時間早半小時就打扮好了。我甚至連菸都不敢抽，生怕菸灰會弄髒了衣服。

---

70. 喬伊絲‧格倫菲爾（Joyce Grenfell，1941－1979）：英國喜劇女演員、歌手、編劇和製片人。

半夜一點

　　櫃檯在車子來的時候按鈴通知我，而當我下樓抵達大廳時，飯店經理奧圖先生（Mr. Otto）對我恭敬地鞠躬，並說道：

　　「女士的車子已經在外頭等著了。」

　　我告訴他這是我第一次也是最後一次「感受作為名人」的機會，所以我一定得好好把握。他肅然點頭，說道：「確實如此。」他跟另外兩名在櫃檯工作的男孩，從這陣子我收到的玫瑰、電話跟留在櫃檯的字條中獲得極大的樂趣。相信我，我也是。

　　晚宴在一間叫做維克多（Victor's）的匈牙利餐廳舉辦。維克多是安德烈・德意屈的好友，他們倆都是匈牙利人，但維克多顯得更匈牙利一點。他向我鞠躬並親吻了我的手，說我很「美麗」，並說我是「本月倫敦的女王」，我的書也很「美」。我告訴德意屈：

　　「他活像從莫納爾[71]的書裡跑出來的人物。」

　　德意屈有點驚訝地看著我，說道：

　　「噢，妳認識費倫茨啊？」

---

71. 費倫茨・莫納爾（Ferenc Molnár，1878－1952）：匈牙利出生的作家、舞臺劇導演、戲劇家和詩人，被廣泛認為是匈牙利最著名的劇作家。

　　不，我並沒有像德意屈那樣認識費倫茨。如果有哪位莫納爾的書迷尚在人世，且正在閱讀這本書，我們終於知道他的名字的發音是費倫茨（類似英文Ference）了。

　　晚餐在一間私人飯廳的二樓供應，我們大家——約八個人左右——像是遊行隊伍般地踏上鋪著地毯的階梯，進入飯廳，飯廳裡大圓桌上的酒杯、花朵跟蠟燭正躍動著。我坐在非常老派又彬彬有禮的德意屈和那位我還不知道名字的「著名記者」之間。

　　餐桌上每位得知我要和喬伊絲‧格倫菲爾見面的人，都表現得又驚又喜。我知道她是英國知名的喜劇電影演員，但是她在這裡最有名的是她的單人秀，我沒有看過。他們說她會親自為她的每場秀撰寫腳本，而她的秀也總是大賣。因此一想到要跟她見面，我當然感到很緊張。

　　在喝咖啡時，有個人從桌子的另一端傳來一本《查令十字路84號》，要請所有的賓客在上頭簽名並送給我。在所有的簽名中，有人寫了一小段華麗的頌詞如「獻給一位結合才華與魅力的作者」，也有人寫我結合了社交性跟另一個什麼東西……德意屈讀後，熱烈地點了點頭，並簽上他的名字。接著維克多也閱讀了那一頁，說著：「沒錯，沒錯，的確是這樣！」然後也簽上他的名字（你的東道主！），接著又吻了我的手一次。最後端上桌的甜點，是一個裝飾花俏的蛋糕，

上頭用粉紅色的糖霜寫著:「歡迎海蓮」。

　　我在午夜回到飯店,我衝進大廳,告訴奧圖先生跟櫃檯的男孩們——從現在開始,我就是布魯姆斯伯里的女公爵了!或是布魯姆斯伯里街的女公爵,都可以。

　　兩位櫃檯的職員是從南非來的學生。其中一位再過幾天就要回去了,而另一位職員隨口建議他:

　　「如果警察來追你,就把我的地址吃掉。」

六月二十三日，星期三

　　一位專營絕版書的書商請我跟諾拉去吃午餐，在吃飯的時候，諾拉分享了一個光怪陸離的故事。

　　我判斷書商跟演員一樣，都有一個緊密的社交小圈子，而法蘭克跟諾拉十年來最親密的朋友是一位叫彼得·克羅格（Peter Kroger）的書商跟他的妻子，海倫（Helen）。鐸爾家和克羅格家的關係密不可分，僅管他們雙方實為競業。某年的新年夜，鐸爾家辦了場派對，而海倫·克羅格則穿著一襲充滿異國情調的黑色長晚禮服前來參加。

　　「海倫，妳這樣看起來就像個俄國間諜！」諾拉說。接著海倫哈哈大笑，彼得也哈哈大笑。過了幾個月，某天早上諾拉在讀早報時，赫然發現海倫跟彼得真的是俄國間諜。

　　「所有記者都跑來圍著我們家，」諾拉告訴我，「他們全都想付我幾千塊來買『圈內內幕』，但我說我唯一知道的圈，就只有我手上的結婚戒指而已。」

　　她去監獄拜訪了克羅格夫妻，而彼得問她，她還記不記得曾經說海倫看起來像個俄國間諜的事？

　　「妳那樣講一定嚇到他們了吧！」我說。

　　「不知道，」諾拉說。「他只問我還記不記得這件事。接著我們就開始聊別的事情了。」

　　後來她跟法蘭克出席了審判，發現克羅格夫妻曾經告訴他

們、有關他們人生的一切都是編造出來的。我問諾拉會不會因這件事而感到心煩，她說不會，她可以理解。

「他們是我們交過最好的朋友，」她說，「他們是高尚且親切的人。這一切都是政治因素，我相信他們有他們的理由。」

一年後，克羅格夫妻和某位在俄羅斯被抓的英國間諜交換並獲得了自由。他們現在住在波蘭，海倫跟諾拉在聖誕節時還會寫信給彼此。

晚餐時，我打給喬伊絲・格倫菲爾，告訴她我看過她演出的哪幾部電影，而她說：

「那妳就知道我是誰了，我是有瀏海的那個。」星期一我會和他們在華爾道夫酒店（Waldorf）碰面吃晚餐，就在劇院的隔壁。

六月二十四日，星期四

我終於有完全屬於自己的一天了。

我徒步走了攝政公園一圈，繞了半月形的納西建築二、三十圈，還看了在溫坡街上、羅勃特・白朗寧[72]拜訪伊莉莎白[73]的那棟房子。我還經過了哈利街，還有德文郡街（Devonshire Street）、德文郡廣場[74]、德文郡馬廄街（Devonshire Mews）、德文郡關街（Devonshire Close）和德文郡馬廄關街（Devonshire Mews Close）……這座城市多可愛啊！

飯店櫃檯在我回到飯店時，遞了一張留給我的字條。開頭沒有任何問候語。

你可以在星期六中午十二點整來這裡嗎？我們要開車去溫

---

72. 羅勃特・白朗寧（Robert Browning，1812－1889）：英國詩人、劇作家，主要作品有《戲劇抒情詩》（Dramatic Lyrics）、《環與書》（The Ring and the Book）、詩劇《巴拉塞爾士》（Paracelsus）。

73. 伊莉莎白・巴雷特・白朗寧（Elizabeth Barrett Browning，1806－1861）：英國維多利亞時代最受人尊敬的詩人之一，最著名的作品為《葡語十四行詩集》（Sonnets from the Portuguese）。

74. 德文郡廣場（Devonshire Place）：倫敦威斯敏斯特市的一條街道，許多文學和社會人物都曾居住於此。

莎[75]和伊頓[76]，有很多事要做。

匆忙留筆——

P.B.

我們要開車去溫莎和伊頓。沒錯，真的。

我愛他從來不寫問候語這一點。問候語每次都把我搞得很火大，每當我要寫信給電信公司的主管，或是保險業務員之類的人時，都必須在開頭寫上「親愛的先生」——但我和收信人都知道，我們彼此根本是這地球上最不親的人。

我現在人在凱尼沃爾斯飯店的休息室裡寫這篇日記。別把這裡跟凱尼沃爾斯的電視室搞混了，那間房裡的人全都在全黑的空間，直挺挺地坐在椅背筆直的小椅子上，盯著電視裡的情境喜劇。而這間休息室則是在大廳旁邊。這是一間舒適的房間，有著扶手椅和沙發。但假如你想在這寫日記，最好還是先偷偷摸摸地在門後窺伺一番裡頭的情況再進來——如果休息室裡已經有一位女人，她往往正在尋找聊天的對象；

---

75. 溫莎（Windsor）：位於英國伯克郡的小鎮，隔著泰晤士河與伊頓相對，兩鎮透過溫莎橋相通。溫莎是英國皇室官邸溫莎城堡的所在地，每年都吸引大批遊客前往。

76. 伊頓（Eton）：英國伯克郡的市鎮，隔著泰晤士河與溫莎相對，兩鎮透過溫莎橋相通。伊頓是著名的公學「伊頓公學」的所在地。

如果休息室裡有兩位正在聊天的女人，她們則會相當大方又友善地邀你一起加入談話，而要是你拒絕，就會顯得非常不大方又不友善。

今晚，當我來到休息室時，裡頭只有一位正在寫信的男子，他剛剛離開了。他向我借火，而當他聽見我的美國腔時，他告訴我，他曾經在紐約住了一年。

「某天，我跟一名美國朋友一起走在第五大道上，我問他：『你為什麼要跑啊？』他回我：『我沒有在跑步啊！』當下，我明白該是回家鄉的時候了。」

這裡的人們只會在你也在抽菸的時候跟你借「火」，並用你的香菸直接點火。不會有人跟你要火柴，因為那就等同是伸手跟你要錢一樣。火柴在這裡可不是免費的，飯店大廳的菸灰缸裡沒有火柴，餐廳桌上也沒有火柴。你得去店裡買才行，我推測它們可能都是進口的，如果像我家鄉那樣隨地亂放會顯得太浪費。

一位女士剛踏入休息室，她問我，我就是**那位作家**嗎？她從櫃檯聽說了我的事。她住在肯特郡[77]。她其實並不特別喜歡倫敦，她會來這裡只是因為她哥哥住院了。但她起碼還是逛

---

77. **肯特郡**（Kent）：英國東南部的郡，被稱為「英國的花園」，過去的田園風景現已被農莊工業取代了。著名的肯特人有查爾斯·狄更斯、查爾斯·羅伯特·達爾文、溫斯頓·邱吉爾等。

了一下布魯姆斯伯里，因為她哥哥不希望她整天待在房裡，所以今天下午她還去了位在道堤街（Doughty Street）的狄更斯故居[78]，她問我去過那兒了嗎？

既然她想聊，那我們就來聊聊吧。

---

78. 狄更斯故居（Dickens House）：狄更斯曾經的住所，他與其新婚妻子凱瑟琳於1837年遷入該處居住，並在此寫下《孤雛淚》、《尼古拉斯‧尼克貝》等多部小說。這棟老屋曾一度面臨被拆除的危機，但狄更斯聯誼會集資將其購下，予以修繕，恢復到維多利亞時代的樣貌，並於1925年成立為「查爾斯‧狄更斯博物館」──館內藏有超過10萬件與狄更斯相關的物品，包括手稿、插圖、作品的初版等，以及狄更斯穿過的禮服、用過的手杖等個人物品。

六月二十五日，星期五

　　我收到第一週的飯店帳單，比我預料得昂貴許多，包含了各樣的午餐、晚餐以及百分之十二的額外小費。我剛剛帶著這份帳單走到德意屈出版社交給他們的會計師，譚默先生（Mr. Tammer）。他是一位戴著眼鏡、肅穆的紳士，當你跟他打招呼時，他會突然露出溫暖的笑容。他手上有我所有的「訂金」，這筆錢就放在辦公室的保險箱裡，他每週都會發給我一些。他給了我足以支付飯店帳單用的現金，還有額外的十英鎊，作為我這週的零用錢。

　　當我快要沒錢時，我會從哥哥給我的那一百美金裡取一些出來用。我將其中的十美金帶來了，請譚默先生幫我兌換成英鎊。他拿出他的那些圖表和計算機，非常專注且細心地算出最新的匯率，只有老天才知道他有沒有少算我十五分錢。

　　有一封寄到德意屈出版社的信引起了我的興趣，這封信來自一名男子，我從不知道這號人物的存在。我在「馬克斯與柯恩書店」的筆友們也從來沒有提到過他。

親愛的漢芙小姐，

　我是「馬克斯與柯恩書店」的班·馬克斯[79]的兒子，我想讓妳知道——妳的到來對我來說是件多麼欣喜的事，以及我跟我的妻子有多麼希望能邀請妳與我們一起用餐。

　我不知道妳住在哪裡，可以麻煩妳以上面那支電話號碼聯絡我嗎？第二支號碼是一臺答錄機的號碼，妳所留下的任何訊息我都能接收到。

　我們兩人都非常期待能見到妳。

誠摯的，

里歐·馬克斯（Leo Marks）

　把這封信交給我的秘書告訴我，這名男子已經來電過，同時也曾詢問，該如何與我聯絡上？

　「但我們絕對不會告訴任何人妳住在哪裡，」她說，「我們只會請他們透過我們跟妳聯絡。」

　我對這件事相當不贊成，於是我走進卡門的辦公室，把話講清楚。

　「卡門，親愛的，」我說道，「我不是那種需要從大眾手中

---

79. 班·馬克（Ben Marks）：「馬克斯與柯恩書店」的共同創辦人之一。

被保護的作家。任何打電話來的粉絲都有可能想餵飽我，而我也超有空出席晚餐邀約。儘管把我的地址撒出去吧！」

卡門告訴我接下來至少還有兩場採訪，她會將它們都安排在午餐時間。有些採訪者問我是否有計劃要「購買任何銀器或喀什米爾羊毛織品——還是我只想要買書？」我說，我完全沒有計劃要在這裡買任何東西，每當我經過商店櫥窗時，我都只看到標價籤上寫著「在倫敦少待一天」。

該去國會大廈了。

半夜

我去過舊維克劇場[80]了！這可是我在少女時期對劇場的最大憧憬啊！走進那座劇院讓我興奮地直打哆嗦。諾拉與席拉跟我看了一場《華倫夫人的職業》[81]。這座劇院有著紐約舊大都會歌劇院跟費城音樂學院的氛圍，觀眾們皆帶著參加慶典般的景仰之心入場，就像聖誕夜裡要前往教堂的人們一般。

---

80. 舊維克劇場（**The Old Vic**）：1818年創建於倫敦的一間非盈利性劇場，位於滑鐵盧車站附近。最初名為皇家柯堡劇場（Royal Coburg Theatre），於1833年改名為皇家維多利亞劇場（Royal Victoria Theatre）。

81. 《華倫夫人的職業》（**Mrs. Warren's Profession**）：蕭伯納於1893年創作的戲劇，並於1902年首次在倫敦演出。

席拉在停車時遇到了一點小麻煩，因此當她抵達劇院時，幕已經揭起來三分鐘了。她立刻被引導到樓下的休息室，只能從一臺閉路電視上觀賞第一幕——一旦彌撒開始了，你就不能在走道上閒晃了。

我永遠都無法理解為什麼《華倫夫人的職業》需要穿著世紀之交的戲服來演出——此時的政治家跟商人已經沒有在經營妓院了嗎？比起違背道德地餵飽自己，窮苦的女孩們不還是被要求該符合美德地挨餓嗎？社會上的道德中堅份子不還是把他們的情婦藏在鄉間的小屋裡嗎？是誰讓演員們把這部戲演錯時代的？小伯納[82]會暴跳如雷的。

我向諾拉詢問關於里歐‧馬克斯的事，她說她只見過他跟他妻子幾次，但是「他們看起來像是一對人很好的年輕夫妻」。她還說他是個作家。

我現在坐在這裡吃維他命C，因為我覺得自己快要感冒了。我試著閱讀瑪莉‧貝克‧愛迪[83]寫的東西，早知道就應該堅持把它讀完的。

---

82. 小柏納（Bernie Shaw）：作者在此將愛爾蘭劇作家蕭伯納（Bernard Shaw）暱稱為小柏納。

83. 瑪莉‧貝克‧愛迪（Mary Baker Eddy，1821－1910）：美國宗教領袖與作家，創立了基督教科學派。1908年創立了曾獲普立茲獎的《基督教科學箴言報》及另外3本宗教雜誌。2014年被《史密森尼雜誌》評選為「有史以來最重要的100名美國人」之一。

六月二十六日，星期六

　　天氣終於變得晴朗又溫暖了，感謝老天，我終於可以為PB
穿件短裙了。（報紙頭條寫著：「英國在華氏七十五度高溫下
燥熱難耐。」）我穿著棕色的亞麻短裙和一件新的白色西裝
外套，而他燦爛地笑著說：「妳看起來很迷人。」他問我那
棕白色相間的圍巾是不是從哈洛德百貨公司買的。（事實上
我是跟著我那套酒會晚禮服一起借來的。）

　　在我們開著車的時候，他說我們無法進入溫莎城堡[84]了，
因為「女王在家」。但我們還是可以在溫莎短暫停留，跟一
對年長的姐妹一起喝點雪利酒，他覺得我應該會喜歡她們跟
她們的房子。

　　在往溫莎的路上，有一間「疲勞馬之家」（Home for Tired
Horses）。牠們的主人會在星期天帶著奶油圓麵包來探望牠
們。

　　溫莎充滿了隨處可見的時代錯置物件。那對姊妹住在一條
十七世紀的街上、一排安妮女王式的房屋中，每棟房子前的

---

84. 溫莎城堡（Windsor Castle）：位於英國溫莎的城堡，目前是英國皇室溫莎
王朝的家族城堡，也是現今世界上尚有人居住的城堡中最大的一個。與倫敦的白
金漢宮、愛丁堡的荷里路德宮相同，溫莎城堡也是英國君主主要的行政官邸。現
任英國女王伊莉莎白二世經常在溫莎城堡度過，進行國家或是私人的娛樂活
動——透過溫莎城堡上方升起的旗幟，可以判斷女王是否在裡頭。

路旁都停著一輛車，屋頂上安裝著電視天線。PB把車停在房子後面的玫瑰花園旁，而其中一位較為外向的姊妹出來迎接我們——她剪下一支粉紅色的玫瑰送給我，並領著我們進入房子。我們穿過老式風格的狹窄門廳，再來到起居室，與另一位較為害羞的姐妹見面。害羞的姐妹為我們倒了雪利酒，接著她們兩位相當遺憾地告知PB，她們的鬼已經消失了。

　　二十年前，在她們買下這間房子前，那隻鬼就已經住在裡頭了。而在房子被她們買下之後，祂也繼續住了下來。祂很安靜，大部分時間不會引起任何騷動，但祂很喜歡房子有人住，或是有人待在裡頭。每當她們打包行囊準備出遊，或是規劃要關閉這棟房子時，祂就會大發雷霆——圖畫會從牆上被撞下來，酒杯會在架上滾來滾去並摔破，燈會倒在地上，鍋碗瓢盆會整夜乒噹乒噹地在廚房裡搖來晃去……這樣的暴走會一直持續到她們離家渡假為止。二十年來，每當她們在這個季節上倫敦、去鄉下或是出國旅行時，這樣的狀況必定都會發生。今年，當她們第一次規劃要出遠門並開始打包時，房內卻是一片寂靜。牆上的圖畫、酒杯以及燈都沒有被干擾，廚房安安靜靜的，鬼消失了。姐妹們感到有些難過，她們已經跟祂日久生情了。

　　其中一位姊妹帶我到頂樓的浴室，從窗戶眺望。她們常會爬上這裡來看女王來了沒有——從浴室的窗戶可以看到溫莎城堡的旗桿，如果女王在家，旗幟就會在上頭飛揚。

　　她們因為沒有幫我們準備午餐而向我們道歉，她們正準備要看菲利普[85]打馬球。

　　PB與我在溫莎的草坪上野餐。他（或是他的那位女傭）準備了一個野餐籃，裡頭有三種不同的三明治、一個裝著冰茶的保溫瓶、一些桃子和餅乾，還有餐後吃的薄荷糖。我真是愛死他了，他做的每件事都會有個愛德華七世式的收尾。就像他放在車子前頭架上的瓷菸灰缸一樣——他顯然不想用車子原本內建的錫製菸灰缸。

　　有一座連接了溫莎和伊頓的行人天橋。PB打著他的伊頓領帶，而看門人看到領帶就說：「先生，你是伊頓人呢！」接著領著我們前往不對遊客開放的房間。

　　如果你在美國出生、沒有受過大學教育，又對古典的學者風範充滿了愛與憧憬，你就會對這樣的一所學校充滿敬畏。好幾個世紀以來，伊頓的男孩們便於少年時期在此學習如何流利地讀寫希臘文和拉丁文。PB帶著我到有五百多年歷史的古老教室，讓我在其中一張桌子坐下。暗色、厚重的橡木製書桌上頭用小刀刻滿了男孩們的姓名縮寫，累積了五百多年的姓名縮寫，很值得一看。

　　我們前往年長男孩們做禮拜的禮拜堂，每一排座位都掛著

---

85. 此處指的是菲利普親王。

一本名冊，好讓督察員確認每一位男孩的出席狀況。我們讀了其中一本的名字——「大哈里斯（Harris Major）、小哈里斯（Harris Minor）、哈里斯第三（Harris Tertius）」——看來伊頓的拉丁語比英語好多了[86]。

外頭的大廳兩側還有一間間的教室，裡頭都有著像剛才的書桌，以及刻著許多姓名的橡木高牆。PB告訴我當男孩們畢業時，可以付給學校幾先令，把自己的名字刻到牆上。我看到了皮特[87]和雪萊[88]的名字（PB也指給我看他自己的），這些名字就算花一個月在牆上爬上爬下都看不完。

還有令人心痛的名碑——記載著伊頓公學在戰爭中死去的校友。其中一個家庭在第一次世界大戰中失去了八名男丁，其中七名都才二十多歲；格倫菲爾家（喬伊絲·格倫菲爾丈夫的家族）也失去了祖父、父親和其中一名兒子——甚至還在更早的波耳戰爭中失去了六名男丁。

我們走到外頭，看見草坪和運動場，在這裡，每場假想的戰爭都獲勝了。男孩們在打板球，也有一些經過的孩子正把玩著網球拍。男孩們被允許在星期六穿著平常的運動服，但

---

86. 「Tertius」是拉丁語「第三」的意思。

87. **威廉·皮特（William Pitt，1708－1778）**：英國政治家，於1708年至1778年任英國首相一職。

88. **珀西·比希·雪萊（Percy Bysshe Shelley，1792－1822）**：英國著名的浪漫主義詩人，為歷史上最出色的英語詩人之一。

我們也看到好幾位穿著伊頓公學的制服——黑色燕尾服、白色襯衫、條紋長褲。PB說，現在除非是正式場合，已經沒有人在戴帽子了。（這些帽子能避免男孩們惹上麻煩——如果有伊頓公學的學生試圖溜進不該去的酒吧，或是去看些不該看的電影，店經理們一看到那頂帽子就會把他攆出去。）

男孩們的臉龐乾淨得令人不敢置信，稜角又分明又美麗。而燕尾服——在一九四〇、五〇年代時看起來肯定很像奇裝異服——搭配起現在男孩們留的長髮更是相稱。精緻的臉蛋，加上梳理得閃亮、整整齊齊的長髮，使得他們看起來就像是愛德華時代的王子們，令人難以置信。

四點時，我們開車回倫敦，因為PB想要帶我走一趟馬爾博羅大樓[89]，而那裡五點就關閉了。我們開到馬爾博羅大樓，卻沒辦法進入，守衛解釋是因為大樓正在清潔而暫時關閉了。皇家禮拜堂倒是開著，PB建議我找個星期天去那做個禮拜。他說那裡從來不會擠滿觀光客，因為很少人知道那裡有對外開放。瑪麗皇后是在那裡結婚的，所以出於對她以及波普－漢尼西[90]的熱愛，我是一定會去的。

---

89. 馬爾博羅大樓（Marlborough House）：位於倫敦西敏市的建築，為英國一級登錄建築，竣工於1711年。為大英國協總部的所在地。

90. 波普－漢尼西（Pope-Hennessy，1916－1974）：英國傳記作家和旅行作家，著有《瑪麗皇后》。

稍晚

　　我的一位粉絲，蘿拉・戴維森（Laura Davidson）剛從牛津打電話來。她曾寫信給我——她的丈夫是一位任職於斯沃斯莫爾學院[91]的教授，現在正在貝利奧爾學院[92]工作，會持續一年的時間。他們兩人跟他們那十五歲的兒子都是我的書迷，因此希望我能到牛津一趟。那時，我回信告訴她我會到倫敦的時間，她還因此特地重新安排了她要去巴黎的旅行，以確保我到英國的時候她還待在牛津。而就在我剛剛接起電話時，她說：

　　「嗨，我是蘿拉・戴維森，妳好嗎？妳什麼時候要來牛津？我兒子快急死啦！」

　　我們先將行程訂在下週五。她告訴我幾乎每個小時都有往牛津的火車發車，只要打電話告訴她我坐的是哪一班火車，她就可以來接我。她會拿著我的書，方便我認出她來。

　　光是我還健健康康地在家鄉的時候，我就對旅行充滿偏執的恐懼了，更何況現在還要在異地面對陌生的車站跟火車旅行！我真心感到疲憊。但我又非得去看一眼牛津不可——在

---

91. **斯沃斯莫爾學院（Swarthmore College）**：位於美國費城的文理學院，成立於1864年。

92. **貝利奧爾學院（Balliol College）**：牛津大學最著名、最古老的學院之一，以活躍的政治氛圍著稱，曾培養出多位英國首相和英國政界的重要人物。

三一學院有一區大學新生的套房，是鄧約翰、約翰‧亨利‧紐曼跟亞瑟‧奎勒‧考區[93]分別在不同時代住過的地方。我所知有關於英文寫作的一切，都是這三名男子教導給我的，而在我死前，我也希望能站在他們作為大學新鮮人時住過的房間裡，頌讚他們的聖名。

我在大學時還只知道奎勒一個人而已。十七歲時的某一天，我到公立圖書館去尋找關於寫作這門藝術的書籍，找到五本奎勒在劍橋教學生寫作的講稿。

「正好是我需要的！」我恭賀了自己一番。急急忙忙地借了第一本回家，並開始閱讀，但讀到第三頁就碰了個釘子：因為奎勒所教導的對象，是一群在伊頓和哈羅公學[94]受過教育的年輕男性們。於是，他理所當然地假設他的學生們——包括我——已經讀過《失樂園》[95]，並且也能夠理解他對其中第九卷「對光明的祈願」（Invocation to Light）所做的分析。所以我說：「你在這裡等一下喔！」然後跑回圖書館，借了

93. 亞瑟‧奎勒‧考區（Arthur Quiller Couch，1863－1944）：多產的英國小說家，最具紀念意義的出版物為《牛津英語經文1250-1900》（後來延長至1918年）和他的文學批評。

94. 哈羅公學（Harrow School）：英國歷史悠久且最負盛名的私立學校之一。著名的校友有詩人拜倫、英國首相溫斯頓‧邱吉爾、攝影術的發明者福克斯‧塔爾博特等人。

95. 《失樂園》（Paradise Lost）：英國詩人約翰‧彌爾頓以《舊約聖經‧創世紀》為基礎創作的史詩，出版於1667年。其內容立基於舊約聖經，講述人類墮落的故事——墮落天使撒旦誘惑亞當和夏娃，導致他們被逐出伊甸園。

一本《失樂園》回家並開始閱讀。但當我讀到第三頁時，我又碰了個釘子……

因為彌爾頓[96]也假設我已經讀過了基督教版本的《以賽亞書》[97]跟《新約聖經》，並且也已經學會關於路西法[98]跟天使戰爭[99]的所有事情，但被猶太教徒撫養長大的我，對這些典故自然是一無所知。所以我又說道：「先等我一下喔！」再去借了一本基督教的聖經回來，閱讀有關路西法的內容後，再回頭去看彌爾頓的《失樂園》，最後再回來讀奎勒著作裡的第三頁。而當我讀到第四頁或第五頁時，我發現該頁有句話的重點是拉丁文，且另外還有一段長長的引言是希臘文。於是，我在《週六文學評論》雜誌上刊登了廣告，請人教我拉丁文和希臘文，同時繼續閱讀奎勒的作品。但我發現，他又假設我已經讀過莎士比亞的所有劇作、博斯韋爾[100]的《約

---

96. 約翰・彌爾頓（John Milton，1608－1674）：17世紀英國最著名的詩人與思想家。因其史詩《失樂園》和反對書報審查制的《論出版自由》而聞名。

97.《以賽亞書》：《聖經》的第23本書，由先知以賽亞執筆，記載關於猶大國和耶路撒冷的背景資料，以及當時猶大國的人民在耶和華前所犯的罪，並透露耶和華將要採取判決與拯救的行動。

98. 路西法（Lucifer）：基督教與猶太教名詞，出現於《以賽亞書》裡的第14章第12節。

99. 天使戰爭（War in Heaven）：基督教的傳說，記載於《新約聖經》的預言類書卷《啟示錄》中，敘述關於善惡勢力在天上和地上爭戰的異象。

100. 詹姆士・博斯韋爾（James Boswell，1740－1795）：英國傳記作家，最有名的作品是《約翰遜傳》及《赫布里底群島之旅》。

翰遜傳》以及《以斯拉記》[101]的續篇——一篇沒有收錄在
《舊約聖經》或《新約聖經》的經書，它算是《經外書》，
也就是一系列從來沒有人讓我得知它們存在的書本。

因此接二連三地——平均每週要來個三次的「等我一下
喔！」——我花了整整十一年才看完奎勒的五本講稿。

奎勒也向我介紹了約翰・亨利・紐曼——他曾在牛津的奧
里爾學院教過書，而在我看過三一學院之後，我就要去奧里
爾學院了！我要坐在約翰・亨利的禮拜堂裡，告訴他我到現
在還是不知道他大部分的作品都在講些什麼，但我已經把他
所寫的《答辯》[102]的好幾頁內容都默背在心了，而我也收藏
了初版的《大學的理念》[103]。

101.《以斯拉記》：聖經全書中第15本書，由以斯拉在公元前460年左右完成。
記述以斯拉在波斯帝國摧毀巴比倫帝國後，陸續重建耶路撒冷，並帶領一批猶太
人返回應許之地的經歷。

102.《答辯》（Apologia Pro Vita Sua）：為約翰・亨利・紐曼對其宗教觀點的辯
護，於1864年出版。

103.《大學的理念》（The Idea of a University）：約翰・亨利・紐曼的著作，於
1852年出版。

六月二十七日，星期日

　　PB說得沒錯，馬爾博羅大樓的皇家禮拜堂完全沒有觀光景點的氣息，因為很少人知道這裡有對大眾開放。如果它**真的有**對大眾開放。

　　一早，我謹慎地選擇了莊重的打扮，前往禮拜堂。來參加禮拜的人，十隻手指頭數得出來——他們顯然每週日都會來做禮拜，並且也都認識彼此。於是，他們所有人在整個做禮拜的過程中，都在試圖搞清楚我究竟是什麼人。從他們交頭接耳的耳語跟側目的眼神，你可以想像出他們的對話：

　　「親愛的，別現在看啦……」

　　「……就在最後一排座位上，我們後面幾排的地方……」

　　叭滋、叭滋、叭滋。

　　一位方臉的老太太拿出她的眼鏡，只為了要把我給看個清楚。接著她轉向她身旁瘦小的朋友，搖搖頭，堅定地說：「不是！」但瘦小的太太顯然不願意就此放棄，她繼續盯著我看，一邊露出試探性的笑容——就是當你認出一張臉，卻又說不出那到底是誰的時候會露出的那種笑容——我也朝她微笑，這是個錯誤，因為從那一刻起，她們兩人就更緊盯著我不放了。

　　再補充一點，我是整間禮拜堂裡唯一揹著肩包的人。

　　在禮拜結束後，我是第一個踏上走道離開那裡的人。我得

回飯店吃午餐。在這裡，星期天沒有店有營業，你會餓死。

下午

我正躺在聖詹姆士公園[104]的一棵樹下。倫敦市中心有三個公園相互鄰接——聖詹姆士公園、綠園[105]，以及比較大的海德公園[106]。

這兒所有的公園都非常寧靜、祥和。年輕情侶不時經過，手挽著手，安安靜靜地散步，手裡不會拿著收音機或是吉他；一些家庭在草坪上優雅地野餐；被溜的狗兒們也一樣平靜，很少左右張望。只有一個例外：一名女子牽著一隻小小的灰色貴賓狗經過，我對貴賓狗說了聲哈囉，而牠轉過頭來看我，一臉「我一向很開心見到朋友」的表情，但女子立刻將牠往後拉。

---

104. **聖詹姆士公園（St. James's Park）**：位於倫敦西敏市聖詹姆士區的一座公園，在倫敦御苑中歷史最為悠久。

105. **綠園（Green）**：倫敦的一座皇家園林，介於海德公園和聖詹姆士公園之間。綠園以樹林與草地組成，其中沒有湖泊或建築物，園內僅有「加拿大紀念碑」和「康斯坦斯基金噴泉」（Constance Fund Fountain）。

106. **海德公園（Hyde Park）**：倫敦最大的皇家庭園，同時也是一級登錄公園。為各種演講、政治集會等群眾活動的場所，改革聯盟、憲章運動、婦女參政論者、反戰聯盟都曾在此舉行抗議。20世紀末，開始以舉辦大型免費搖滾音樂會而聞名，滾石樂團和皇后合唱團等樂團都曾在此演出。

「請別這樣！」她尖銳地對我說，「我正在教牠禮儀！」

我心想：「真可惜牠沒辦法教妳禮儀呢！」接著腦中突然冒出某個星期日下午在紐約狗丘的情景，並好奇現在大家過得如何。

我曾在狗丘野餐——跟和我住同一棟大樓、養了一隻古代牧羊犬的迪克（Dick），以及我的朋友妮奇（Nikki）一起。我帶了一些包三明治用的冷火雞肉，做了一些惡魔蛋，而迪克則帶了一個裝滿血腥瑪麗的保溫瓶。我與迪克帶著他的牧羊犬切斯特（Chester）一起出發，妮奇則從辦公室過來與我們會合。一般來說，只有瘋子才會想要在狗丘野餐，但迪克跟我想試試看。我們一直到六點半才抵達那裡，大部分的狗都已經回家了。

狗丘是座寬廣的陡丘，位在中央公園[107]裡頭，也是這世界上最大的犬類交誼廳。每個週末下午，總會有四、五十隻狗在狗丘上，沒牽繩地跳來躍去、交交朋友。（如果你的狗不喜歡交朋友，就不要帶牠上狗丘去，但我在紐約還沒見過有哪條狗不愛交際。）有時甚至還會看到像阿富汗獵犬、挪威獵麋犬、西施和拉薩犬等較不常見的犬種，更不用說其他常見的品種了。狗主人們會像是家長一樣坐在草地上或站在一旁，留心狗兒們因爭奪樹枝和球而引起的突發口角。

---

107. 中央公園（Central Park）：位於紐約市的大型都會公園，為眾多電影的取景地。於1962年被美國內政部指定為國家歷史名勝。

「喬治，不乖乖玩我們就要回家囉！」

「玫寶，放開牠！我才不想聽你的理由是什麼，放開牠就對了！」

你不會想在這裡的草地躺下來伸展或做日光浴，因為如果有幾隻大丹狗和柯利牧羊犬在互相追逐，而你又剛好躺在牠們的跑道上，牠們是絕對不會為了你繞道而行的。

迪克跟妮奇和我在丘頂上安頓下來，迪克將血腥瑪麗倒進幾個紙杯中。有幾隻狗正在半山丘上玩耍，而平常迪克的牧羊犬應該早就加入牠們了。但是牠早就聞到了野餐籃的氣味，於是牠悠閒地在山丘下晃了一圈，聞了聞每個人身上的氣味，接著就回到丘頂，決定在晚餐之前都要兜著我們轉。

我看穿牠的企圖，於是在我拿出三明治時，我便從自己的那份中撕下一條火雞肉分給牠。就這樣，在五秒鐘內，我的身旁便圍繞了半圈的狗──每隻還留在山丘的狗都跑來參加野餐了。

有兩隻名叫山姆（Sam）跟席德（Syd）的巴吉度獵犬兄弟、一隻叫羅慕路斯（Romulus）的大丹狗、一隻我不知道名字的米格魯，以及一隻名叫荷爾嘉（Helga）、很膽小的德國牧羊犬幼犬──牠們全都一動也不動地站著，緊盯著我和火雞三明治。米格魯還一邊流著口水。

我還有額外的三明治，所以我只好犧牲我原本要開始吃的那一份，並分給每隻狗一片火雞肉。（荷爾嘉非常緊張，牠

一邊急切地想要上前吃牠的那一份火雞肉，一邊又想確認我到底會不會咬牠？）

　　牧羊犬切斯特覺得有太多競爭者了，於是牠從我身邊離開，快步地走到妮奇身邊，改去討她的三明治。而當我在餵剩下的狗兒們最後一點火雞肉時，妮奇那兒引起了一陣騷動，因為切斯特喝了一口她的血腥瑪麗。迪克叫道：「切斯特！坐下！」而想要表現自己是一隻「訓練有素的好狗狗」的切斯特，便一屁股坐在妮奇的惡魔蛋上。妮奇立刻發了一頓脾氣。（她年輕又漂亮，還曾到倫敦政經學院唸過一年書，但她其實是貓派的。）我轉身叫喚切斯特，希望可以把牠從妮奇身邊叫開，而就在我轉頭的瞬間，那隻米格魯（沒記錯，應該是叫莫爾頓（Morton）吧！）就把我額外、沒動過的那份三明治一口咬走，並逃下山丘去了。

　　牠的媽媽上來道歉，同時也向我道謝。她說牠平常只吃雞肉，而今天回家之後，她就不需要再煮東西給牠吃了。

　　我們走下山丘，穿過公園來到七十二街口，途中經過一場棒球比賽以及一場即興的馬林巴樂團的搖滾演唱會，樂聲從五十九街傳來，穿透到七十二街。

　　躺在平靜的聖詹姆士公園，我體悟到一座城市的公園是如何反應了市民的性格。這裡的公園平和、寂靜，還有些矜持，而我也喜愛如此。但是就長遠來說，我還是比較想念活力旺盛又吵鬧的中央公園。

晚上九點

　　上校回來了，他來電問我，我最想看看哪裡的壯麗鄉間景
致呢？我告訴他，我下週五要去牛津，如果他願意載我過
去，我會非常感激的。

　　「噢，這可好了！」他響亮地道。「我們可以做的可不止這
些呢，親愛的！如果妳星期四有空，我們可以開車穿過科茲
窩，然後剛好在晚餐時間抵達雅芳河畔的史特拉福[108]，吃頓
飯、看場劇，星期五再開車去牛津見妳的朋友。」

　　我極為興奮，並且對於自己這樣的反應感到十分驚訝。我
並沒有對名人誕生地特別感興趣，對我來說，莎士比亞是在
環球劇場誕生的。但是當他說要帶我去雅芳河畔的史特拉福
時，我無法控制地大喊大叫，在電話裡表達我的興奮之情。

　　我問上校哪裡可以買一個便宜的手提行李包，他回答說：
「別說傻話了，我會寄一個好的BOAC行李包過去給妳的。」

　　這麼說吧，成為一位山寨的女公爵是一件陰險的事，在妳
尚未意會到自己的需求之前，人們就會前仆後繼地衝向妳，
給予妳所有妳想要的事物。如果這種狀態持續超過一個月，
我的道德操守就要毀了！

---

108. 雅芳河畔的史特拉福（Stratford-upon-Avon）：英國華威郡的集鎮，亦是
著名劇作家威廉‧莎士比亞的故鄉，也因此成為旅遊勝地。

六月二十八日，星期一

我將我的電話號碼留在里歐‧馬克斯的答錄機中，於是今天早上他回電了。他有著一口悅耳的男中音牛津腔（或是劍橋腔，我也搞不懂這兩者的差異），他和他的妻子明天晚上七點會來接我去吃晚餐。

今晚的行程包括了跟格倫菲爾夫妻共進晚餐，以及觀賞《仲夏夜之夢》，所以我一早就拿著我的晚禮服下樓，問櫃檯年輕的服務員：

「可以在今天傍晚五點之前幫我把這件燙好嗎？」

「妳是想清理或是洗熨嗎？」他問。

「不用，只要燙就好。」我說。

他呆愣愣地望著我。

「妳要我送去乾洗店嗎？」他重複道，小心地強調每一字每一句，好像我是個俄羅斯人或是聾了一樣，「或是妳希望我送去洗衣店就好？」

「我不需要清理或是送洗，」我說，一字一句發音清楚地唸，把他也當成是俄羅斯人或是聾了一樣，「我只想要燙。它皺皺的。」

這段發言似乎令他相當震驚。他瞪著我好一會兒，接著才重新振作，咕噥了一下，他說：「稍等一下喔！」接著就跑進辦公室裡諮詢了一下，過了一分鐘後他回來了。

「妳可以到樓上的三一五號房去問問看管家，」他說，「或許她可以幫得上忙。」

我上樓，敲了敲三一五號房的門，並對著一位母親模樣的管家解釋我的問題。她理解地點點頭，說：「跟我來，親愛的。」她領著我走到走廊底端，打開一扇通往一個小小地窖的門，裡頭的角落放著燙衣板和有些老舊的熨斗。

「妳可以直接在這裡燙，親愛的，」她說，「但要小心熨斗，線頭有點磨損了。」

我的心情才被磨損了！我的禮服是絲質的，這個熨斗看起來又陌生又不友善。我拿著禮服下樓回到櫃檯，請服務員送去乾洗店，他看起來鬆了一口氣。活在一個對化學織品過敏，又都直接把衣服晾乾的世界裡，就是會遇上這種麻煩。

稍晚

我在步行往華爾道夫酒店的路上迷了路，不小心多走了兩個街區。我一路往回跑，最後衝進酒店大廳時已經遲了十分鐘——喬伊絲・格倫菲爾一定一直觀察著入口，因為她馬上就走出來迎接我了。她本人跟銀幕上看起來一模一樣。

她領著我前往餐廳，並把我介紹給她的丈夫——「雷吉咿

咿——！」[109]她幾乎是這樣叫他的——還有他們的澳洲朋友，查爾斯公爵（Sir Charles）和費茲夫人（Lady Fitts），查爾斯公爵是一位著名的醫師。我坐了下來，這四位名聲顯赫的人希望能見到**我**？我被這件事徹底震懾住了。我告訴你，人生真的是很不可思議的。好幾年前，我還寫不出任何東西，或是賣出任何東西，而我也已經過了一般人要開始收割早年努力的成果，或是得到任何回饋的年紀了……我更已經有過屬於我的機會，並且也曾全力以赴地嘗試，然而最終卻還是失敗了。我怎麼能夠料到，在我中年的尾聲，奇蹟會突然出現在轉角處呢？你要了解，《查令十字路84號》並不是什麼排行榜上的暢銷書，它並沒有使我富有。它只帶來了上百封信件和電話，來自一些我從不知道他們的存在的人們；它帶來了美好的回饋，也為我拾回我在人生道路上遺落的自信和自尊心。它帶我到了英國。它改變了我的人生。

喬伊絲原先就幫自己和澳洲人預留了保留席，而當她讀到我抵達倫敦的消息時，便邀請我一起來——這代表她的丈夫雷吉得將他的保留席讓給我，自己去坐包廂座位，而這使我十分惶恐。

---

109. 雷吉・格倫菲爾（Reggie Grenfell）：喬伊絲・格倫菲爾的丈夫，作者在此處表示喬伊絲喜歡拉長音地喚她的丈夫。

　　彼得‧布魯克製作的戲劇看起來十分驚世駭俗，戲劇與吵鬧的馬戲團參半。格倫菲爾太太立刻就看得入迷了，而我則一直在擔心帕克[110]會不會在雜耍時從高蹺上掉下來，或是漏接他的盤子。我心想著：「我恨死這部劇了，但我也愛死它了。」看到莎士比亞的戲劇在舞臺上爆破性地被演繹，會帶給你無比巨大的刺激跟撼動。

　　跟澳洲人道別後，他們載我回家。由喬伊絲駕駛，因為雷吉想要讓她更熟悉這輛新車。

　　她在布魯姆斯伯里繞了好一陣子。這裡的單行道容易把駕駛搞得暈頭轉向，你常常會在開了五個街區之後，才終於找到一條會往你想去的方向前進的路。她不願意在沙夫茨伯里大道[111]放我下車，也不願意在布魯姆斯伯里街的轉角放我下車，因為飯店的入口是在大羅素街，而她又非得載我到正門口不可。我們在南北之間兜繞了半個小時之後，她終於如勝利般地成功了，並慷慨地接受了我的恭賀。

　　她說他們夫妻倆要「去度假」，但為了她的教會對談，他

---

110. 帕克（Puck）：莎士比亞筆下《仲夏夜之夢》中的虛構人物。

111. 沙夫茨伯里大道（Shaftsbury Avenue）：倫敦西區一條通過擁擠的聖吉爾斯和蘇活區的重要通道，於1877年至1886年間開闢了一條南北交通大動脈。此大道普遍被認為是倫敦西區劇院區的心臟，聚集了利里克劇院、阿波羅劇院、吉爾古德劇院和皇后劇院。

們會在七月十三日前回到倫敦。她每個月都會和一位牧師進行對談——像是「愛的本質」和「美的本質」這一類的主題——在齊普賽街[112]的聖瑪麗拉玻教堂[113]的午間禮拜。她邀請我一起去參加七月十三日的對談，然後晚上再一起用晚餐，他們說他們還可以載我去看一些景點。我告訴她我還不確定我會不會待到十三日，雖然我是希望自己可以待到十五日啦！

《仲夏夜之夢》演到第二幕時，我的感冒開始發作了。我開始咳嗽並試著壓抑，差點沒把自己掐死。我朝喬伊絲靠過去，耳語道：

「我整個週末都在跟感冒搏鬥。」

她思考了片刻，靠過來並耳語道：

「噢！就放手得病吧！」

所以我現在就任由感冒宰割了。我從床上坐起來，又咳嗽又吸鼻涕，但就算如此，我的好心情依舊絲毫不受影響。我現在似乎正活在深沉的催眠當中，每當我寄明信片回家時，都想直接在回信地址上寫上「狂喜」兩字。

---

112. 齊普賽街（Cheapside）：溝通倫敦市東區、金融城和西區的許多道路之一，在查爾斯・狄更斯的時代，齊普賽街被描述為「世界上最繁忙的大道」。

113. 作者在此處搞錯了教堂的名字，稍後才會發現。

六月二十九日，星期二

　　我正在餐廳喝不知道是第四杯還是第五杯的咖啡，感受著感冒大發作的隔天早上所會經歷的那些感受。我本來要打給里歐·馬克斯取消晚餐的約會，但是如果我整天都待在飯店裡，到了晚上時，我肯定會想出去的。所以我決定保留這場約會，試著不要對著他們的臉咳嗽。

　　飯店餐廳的客人現在正在散去——每天早上八點到九點之間，這裡都塞得滿滿的，服務生也忙得一團亂。這裡的房價包含了「整份英式早餐」，而我們什麼都吃：培根、蛋、吐司和柑橘醬，果汁或燕麥粥，以及茶或咖啡。（端著咖啡壺的女孩會問你：「要黑的還是白的呢？」）

　　早餐的常客總是包括從鄉間來這裡出差的英國版威利·羅曼[114]們，以及來自全「英國」、獨自旅遊的零星中年女性們（這裡的人都不說「大不列顛」（Great Britain），他們都說「英國」（the U.K.）——聯合王國（United Kingdom））。好幾位蒼白、尖鼻子的教授們囤積著糧食，以便在大英博物館撐一整天，他們看起來好像都只吃優格當午餐。

---

114. 威利·羅曼（Willy Loman）：《推銷員之死》（Death of a Salesman）的主角。該劇由劇作家亞瑟·米勒所寫，並於1949年在百老匯劇院首演，是一部極具影響力的二十世紀戲劇。《推銷員之死》於1949年贏得普立茲獎，並四度於百老匯重演，三度獲得托尼獎最佳復排劇獎。

今早，來倫敦參加會議的蘇格蘭婆婆媽媽們坐滿了一整張長桌，由一位乾乾淨淨的年輕牧師陪同著。女士們都在抱怨昨夜的噪音使她們完全無法闔眼，她們表示外頭街上來來往往的汽車一整晚都沒有停歇。**這是我睡過最安靜的地方了。**她們應該要試試在第二大道打地鋪的感覺，那裡的卡車凌晨三點鐘就上工了。

有許多從俄羅斯和捷克來觀光的家庭也住在這裡，帶著表情厭世又乖巧的孩子們。另外還有許多來自德國的觀光團，更糟的是，還都是中年人。（年輕人就沒關係了，壞事不是他們幹出來的。）觀光團的成員們邊吃邊盯著時鐘看——他們都報名了觀光巴士的行程，而巴士會在九點整從飯店出發。在八點五十八分時，有一陣來自俄羅斯、捷克與德國的大喧嚷，上演著艱苦的《出埃及記》[115]。大家開始排成一列——捷克人瘋狂地對著他們看不懂的標誌比手畫腳；德國導遊用德文嚷叫著：「注意！停！」好讓大家排好隊；俄羅斯人則是淡定地找到巴士並自行上車。

今天早上，除了我之外的美國人們終於首次現身了——三位來自加州的女大學生，金髮、曬成小麥色的皮膚、容光煥發又健康，她們焦急地交頭接耳，討論著「整份英式早餐」

115.《出埃及記》:《舊約聖經》的第二書，講述以色列人如何在埃及受到迫害，然後由摩西帶領他們離開埃及的故事。

的意思是不是代表「你可以點任何東西，只要有付房錢就什麼都包？」我再次向女服務生要了一杯咖啡，而當她們聽見我的美國腔時，其中一人便來到我的桌邊，問我這裡可以點些什麼？是否要多付小費？我說：「不用，這裡已經直接在妳的帳單裡多加百分之十二作為小費了。」我回想起我在第一天試著給阿爾法羅小費時，他又驚又怒的模樣。「不用，不用！」他說，「已經都算在房錢裡面了！」

我現在要帶著上週的報紙跟上頭無比困難的填字遊戲回我的房間休息，並花整個早晨「享受我悲慘的健康狀況」了，套句我母親曾說的老話。

來自星期六的晚報：

《犯罪快報》
溫布頓教師性騷擾少女
遭罰五十鎊

一位倫敦大學五十四歲的統計學教師……被控告在溫布頓網球錦標賽做出無禮行為，今日出庭。

在承認於一號球場[116]的站立區做出不雅的騷擾行為後，他被判須繳五十鎊罰金。代理警探派屈克‧道爾（Patrick Doyle）告訴法官，被告用手臂環繞著一名十八歲女孩，並摸了她的胸部。

被告——已婚——說道：

「我一時失去了判斷常識的理智。像我這種地位的男人，做出如此行為是極其荒唐的。」

一位六十六歲的溫布頓裁判，也被控告在溫布頓做出無禮的舉動。總共有十名男子出面指控了他的無禮犯行。

那位六十六歲的裁判特別幸運，他們還把他的照片給刊登出來。

下面送你一份徵才廣告：

> 白金漢宮—中央廚房的清洗部空缺，僅限女性。不包含住宿……欲申請此職位者請寫信至皇室內務主事，白金漢宮，倫敦 SW 1。

你難道不想做一天這份工作，只為了聽聽皇室的八卦嗎？

---

116. 一號球場（**No. 1 Court**）：1997年開業於溫布頓全英草地網球和槌球俱樂部的網球場，是溫布頓網球錦標賽的比賽場地之一。

晚上十一點

里歐・馬克斯七點的時候從大廳打電話到我的房間，而我穿著我的絲綢禮服跟外套，頂著紅鼻子跟淚汪汪的眼睛，下樓去見他們。黑髮、英俊的里歐說道：

「妳好，我們很高興妳可以來。上樓穿件大衣吧！外頭冷颼颼的，又在下雨。」

我回房拿了我的舊藍色大衣，下樓告訴他：

「這樣會毀掉我整套服裝的效果的。」

而依娜——他的妻子，十分嬌小且有著一頭金髮——誠懇地說：

「等我們到餐廳妳就可以把大衣脫掉了，我們要在一間飯店用餐，妳在大廳就可以脫掉了！」她急切地盯著我看，想知道這樣我能不能接受。

她看起來很嬌弱，但事實上卻不是如此，你可以感覺到她其實精實有力。她簡直就像位瘦小、金髮的運動員，但她其實是位肖像畫家，她用自己的本名依娜・高森（Ena Gaussen）創作。里歐告訴我她有畫過海莉・米爾斯[117]和潘蜜拉・布朗[118]的畫像，並贏得了許多褒揚，不過以一個擁有這樣成就

---

117. 海莉・米爾斯（Hayley Mills）：英國女演員，以童星的身分開啟演藝事業，在當時被稱讚為極有前途的新人。

118. 潘蜜拉・布朗（Pamela Brown）：美國電視記者和新聞廣播員。

的人來說，她看起來實在太過年輕。

他們帶我到史塔福德酒店（The Stafford Hotel），一間非常有歷史的高雅飯店，就像廣場飯店[119]一樣。我靠著兩杯馬丁尼疏通了我的鼻腔，並發現里歐愛喝琴酒。他也是位電視和電影編劇，而我們發現我們都曾與同一位電視製作人工作過——只不過是不同季的節目跟不同的內容——於是，我們聊起工作上的事。依娜並不在意，她覺得我們兩人都非常機智且風趣。

他喚她為「小東西」。

「小東西，妳還要再吃龍蝦啊？」

他問我是否知道鋼琴家愛琳·喬伊斯[120]，並告訴我：

「她才剛被受封為大英帝國的女爵士，她希望小東西為她畫一幅穿著女爵士長袍的畫像。」

時間太晚了，我來不及去看看這幅畫。依娜告訴我里歐所寫的一部電影正在街角播映，我感到非常欽佩。我一直深信，對作家來說，寫電影劇本是最困難的創作方式。

「告訴我，」里歐說，「妳寫了一本文情並茂的書。為什麼我們以前從來沒有聽過妳呢？妳早期的作品有什麼問題嗎？

119. **廣場飯店（the Plaza）**：位於紐約市的豪華飯店，也是該市的著名地標。

120. **愛琳·喬伊斯（Eileen Joyce，1908－1991）**：澳大利亞的鋼琴家，其職業生涯超過30年。

是寫得太好了，還是寫得不夠好？」

「不夠好。」我說。而他點了點頭，繼續談論其他的話題，而就是在這個時刻，我覺得我們兩人成了知己。

這是一個美妙的夜晚。我很想再跟他們見面，但我不敢提出這項提議。作為一名遠道而來的客人，我必須遵守既有的禮節。

咳、咳、咳、咳、咳——

六月三十日，星期三

　　成為一位名人，代表著光是在吃早餐時，就會被廣播叫去接電話三次——第一次回到自己桌邊時，蛋已經冷掉了；第二次回來時，蛋已經不見了；到了第三次，我只能端著一盤新的蛋去大廳接電話了。

　　喬伊絲·格倫菲爾打來問我，我的咳嗽好點了沒？她還叫我十三日一定要去找她！我告訴她我會的。飯店的接線生和收銀員都認出她的聲音，因此並沒有將電話轉到電話亭裡，讓我直接在櫃檯接她的電話。當我把話筒舉在半空中，好讓他們聽到她為了要問雷吉什麼事情，而大叫「雷吉咿咿——」時，他們兩人簡直快笑倒在地。

　　諾拉打來，聽見我嘶啞的聲音，問我為什麼不到北倫敦去，讓她好好照料我呢？她真的不需要如此費心——自從法蘭克死後，她就全職在工作了。

　　上校打來，告訴我BOAC行李袋「會在這個早上送到」，而他則會在明天早上十點來接我，展開我們在史特拉福和牛津的小旅行。

　　早餐後，我到對街買舒潔衛生紙跟咳嗽藥水。在飯店對面的大羅素街上有一些商店——文具店、男女皆宜的美容院、電影院、書店，以及一間賣健康食品的印度食品店。另外，

還有一間大型的基督教女青年會[121]的女性宿舍，跟路邊水果攤。我在水果攤前停了一下，買了些桃子。在等攤販找錢給我的時候，我注意到文具店的玻璃窗裡有個佈告欄，我拿了零錢，走過去閱讀佈告欄上的公告。這些公告乍看像是販賣物品跟徵人的廣告，但是你再仔細閱讀，就會發現事實並非如此。好心提醒那些內心純潔的人，這些佈告欄的內容是老少咸宜的，應該啦！（以下是整張佈告欄的清單。）

熱褲出售。請洽……

前女演員開授課程。法語[122]或任何其他科目。請洽……

男模。任何服務。電視、攝影、橡膠、皮革。矯正訓練。請洽……

出售嶄新可愛的金髮玩偶。會走路，會講話。請洽……

---

121. 基督教女青年會（YWCA）：於1855年創辦於倫敦，為全球最大的國際婦女組織，會址設於瑞士日內瓦。全球現有超過100個國家設立該組織，其主管機會稱為世界基督教女青年會（World YWCA）。

122. 雙關解讀──原文為「French」，在此也可作為「法式」之意。

湯姆・譚墨（Tom Tamer）教授最嚴格的儀態課程。請
洽……

─────────

法國女孩。前家庭女教師，許多空缺[123]。招收新學生，
男女皆可。請洽……

─────────

徵收三個背包。狀態良好，價格合理。請聯絡大羅素街
基督教女青年會。

晚上七點

五點半時，依娜突然帶著裝滿棕色紙袋的檸檬、蜂蜜和萊
姆汁來訪，要為我治療咳嗽。她說她整個早上都急切地想打
給我，但一拿起電話卻又感覺有點害羞。我說我們兩人都太
拘謹了。她希望我明天晚上可以跟他們一起共進晚餐，我告
訴她我明天人在史特拉福，但是我週五會回來。

「我們星期五要去鄉下，一直到十日才會回來呢！」她臉
色一沉地說。

---

123. 雙關解讀──原文為「positions」，在此也可作為「體位」之意。

「沒關係，」我說，「我已經打算至少要在倫敦撐到十五日了。」

她看起來有些苦惱。

「妳不能那麼快就回去！我們才剛認識妳呢！」她說，「那個，要是妳的錢不夠了，要不要去我們鄉間的房子住一陣子？我們十日之後就不住那裡了，妳可以在那邊住一整個夏天——如果妳不介意我們週末會去？」她焦急地盯著我。人們快把我搞得精神錯亂了。

她剛離開，要去里歐的母親家找里歐。

BOAC行李袋寄到了，我打給上校表示感謝。他則建議我該大吃特吃：

「妳一定要餵妳的感冒吃一點食物。如果妳不給病毒東西吃，它們會吃妳的。」

所以我現在要下去餐廳餵我的病毒了。

稍晚

我點了一份叫「馬里蘭雞」（Chicken Maryland）的餐點，才發現原來是一片以炸小牛肉薄片的方式油炸的雞肉，搭配一條培根或一根肥香腸。隔壁桌的情侶點了一份「牙買加冰

淇淋」（Coupe Jamaica）——一根細長的餅乾插在一球香草冰淇淋上，放上一片罐頭鳳梨片作為點綴。這道甜點可能會令牙買加人很困惑，正如那份雞肉餐點會讓馬里蘭州人摸不著頭緒一樣。不過，也有人告訴過我，巴黎某一間餐廳的菜單上，居然還有「法式炸蘋果條」（Pommes à la French Fries）。

七月一日，星期四
史特拉福
午夜

我正坐在一張床上，在一間奢侈、豪華的汽車旅館房間裡——有鋪滿整張地板的地毯、扶手椅、電視機、梳妝檯和一個與房間相連的美麗淡紫色磚砌浴缸……在凱尼沃爾斯飯店的生活根本無法與之比擬。

讓我來告訴你，我的上校絕對是這世界上最親切、最體貼的男人。我們在一如往常的灰色天氣下離開倫敦——在這種天氣下待久了，真的會影響心情。我告訴上校，我已經如快渴死的人想喝水般地渴望陽光了。我們在上午駛入科茲窩地區，陽光短暫地探出頭來。在陽光出現的那一剎那，他便在路邊停車，從後車廂拿出一張折疊躺椅，擺放在路旁的草坪上，好讓我能在短暫的陽光之下稍躺片刻。他告訴我，他的妻子在「兩年如煉獄般的折磨」後死於癌症——我想，在這個過程中，他一定堅守在她的身邊吧！

我們經過斯托克波吉斯[124]，他告訴我這裡就是設有格雷[125]墓地的那座鄉村教堂的所在地。格雷的《哀歌》[126]是我母親最愛的一首詩，我蠻想去看看那塊墓地的，但我們沒時間繞過去了。

上校一邊開車，一邊說一個冗長的故事給我聽，關於一位他認識的寡婦。這位寡婦與一名男子相戀，並受邀去男子在義大利的別墅做客，但當她抵達那裡時，卻發現她沒有自己的一間房。事實上，那名男子是要她來他的臥房一起睡！「妳懂嗎？我的重點是，」上校說道，「她完全不是那種人，而這名無賴從頭到尾都只有一個目的，這件事讓她震驚不已。」我好奇地想著，既然上校沒有參與其中，為何要告訴我這個故事呢？接著我才醒悟到，他是委婉地要我放心，他並不會要我跟他在史特拉福共享一間臥房。但我也從來沒有想過這個問題——他這人既古板又老派，要我跟他同住一間房間，太不符合他的作風了。

---

124. 斯托克波吉斯（Stoke Poges）：英國白金漢郡東南部村莊與教區間的緩衝區域。

125. 托瑪斯‧格雷（Thomas Gray，1716－1771）：18世紀的英國詩人、古典學家，曾任劍橋大學教授。一生只出版過13首詩，代表作為《墓園哀歌》，於1757年獲封桂冠詩人。

126. 《墓園哀歌》（Elegy written in a Country Churchyard）：全名為《寫於鄉村教堂墓地的哀歌》，為托瑪斯‧格雷於1751年出版的詩。這首詩採用與當代頌歌相似的風格，體現了對死亡的沉思，以及對死亡的記憶。

他告訴我，他為了照料他的妻子而從出版業退休。而在她去世之後，他出於興趣，便開始在希斯洛機場工作。

「如果我看到一位男子，無精打采地與他的妻子及成年的女兒們站在一起，我會走上前去，對那名男人說：『先生，這裡哪一位小姐才是你的妻子啊？』而他會開懷大笑，她們也會笑！」接著上校哈哈大笑。

「如果我看到一對看起來有點鬱悶的中年夫妻，我就會走到他們面前問：『你們是來度蜜月的嗎？』妳應該看看他們臉上的表情！他們知道我是開玩笑的——有些人會知道——但他們還是會忍不住高興一下！」

「如果我看到小孩在哭——有些小孩在大機場會很累或是很不開心，可能是肚子餓了，或是想回家——我會走過去問她的父母，是否可以幫我找到一位乖女孩，因為我自己的小女孩已經長大了。接著，我會假裝找到那位正在哭的小女孩並告訴她，她就是我在找的那一種小女孩，最後我會問她是否願意當我的小女孩。」他在每個故事的結尾都加上他那充滿喜悅的爽朗笑聲。

科茲窩就跟我一直以來所想像的一樣——綿延的綠色鄉間，以及看起來從伊莉莎白一世時期就沒有變過的英式村落，零星地散落著。我們在一間鄰近鄉間教堂的酒館吃午餐。在這裡，上校說：「漢普敦（Hampden）開啟了革命。」

我可不敢跟他說我根本不曉得漢普敦是誰。

史特拉福比牛津更遠些，我們明天會往回走。我們經過牛津的路標，我告訴他有關大圖村的事情：好幾年前，有個人寄給我一張明信片——畫面中有五間沿著山坡而建的茅草屋，它們就像是接連著從山坡上滾下來一樣——背面寫著：

這是大圖村。妳在地圖上找不到這地方，只有在往牛津的路上迷路才能來到這裡。

這個畫面如此理想化地記錄了英國鄉間的景象，我甚至不相信這座村子真實存在著。我過去常常盯著這張明信片看，我保留了它好多年，就夾在《牛津英語詩集》[127]裡。

「好吧！」上校說道，被這項挑戰所激發。「看來我們只好試著找到大圖村了，看看它有沒有變。」

他開著車在科茲窩四處穿梭著，終於，我們看到了指向大圖村和小圖村的路標。我們繞過一個彎，大圖村便出現在我們面前，跟明信片上的畫面長得一模一樣——五個有著茅草屋頂的石造老房屋，真的就像是接連著從山丘上滾下來的樣子。上校說，它們的歷史可以回溯到亨利八世的時代。五百年後的今天，裡頭還是有人居住——可以看見屋子裡的白色

127.《**牛津英語詩集**》（Oxford English Verse）：由奎勒·考區編輯的英語詩選。

窗簾、窗檯上的花箱，以及每間屋子前院的玫瑰花園。

上校停車——我們是視線所及範圍內唯一的車——我們下了車。我們沿著茅屋的路走，來到這座村落唯一的另一棟建築，一間只有一間房間的雜貨店兼郵局。我們走進去，除了女店主之外，沒有其他人在店裡，外頭也看不見任何人影。

上校買了冰淇淋，而我點了一杯牛奶，卻拿到一瓶夸脫裝的牛奶跟一根吸管。上校告訴女店主我「從紐約遠道而來」，並且「特別想看看大圖村」。在他們聊天的同時，我握著一夸脫的牛奶瓶，想至少努力地喝掉一品脫，以免傷了她的心。在我喝了那麼多牛奶、想找一處不顯眼的地方來暫放牛奶瓶時，這間店突然擠滿了人——戴著鄉村風鴨舌帽的男人們和穿著印花洋裝的女人們，全都朝著櫃檯前進，想購買香菸與報紙。我試著遠離他們行進的路線。有幾位孩童跑進店裡，但立刻就被女店主驅趕了出去。

上校吃完他的冰淇淋，便從我的手中拿走牛奶瓶，灌下將近一點五品脫的牛奶，就像是在喝一杯水一樣。接著我們便離開了。

「好啦！」在我們走回車上的路上，他說，「我們已經給了他們接下來一個月可以聊的話題了！妳有看到整村的人都跑來看外星人嗎？他們一看到我這輛掛著倫敦車牌的車，就都爭先恐後地跑過來了。妳知道她為什麼要把小孩趕出去嗎？那是為了讓大人們有足夠的空間可以觀賞啊！他們整整一年

都看不到一個觀光客，更別說是從紐約來的了！一輩子都見不到的！」

我們也不過來到離倫敦幾個小時車程的地方而已。

每個我認識、去過史特拉福的人都警告我說，那是個觀光商業陷阱，所以我已經做好心理準備了。一駛入小鎮，我看到的第一樣東西就是一面巨大的廣告看板，上頭寫著：「茱蒂絲‧莎士比亞的溫培漢堡吧！」上校憤怒到臉色發紫。但這也沒有什麼。人們還是會去找莎士比亞的房子，付入場費進去參觀——只為了抓著那巨大的扶手，走上樓梯；只為了走進臥房裡，撫摸那牆壁……接著回到樓下，站在那個曾經伴著莎士比亞長大、他日復一日走進走出的廚房裡——光是這麼做就足以讓每位母語是英語的人，幸福到連骨頭都完全融化。

我們在一間光鮮亮麗的現代劇院看了《無事生非》[128]，非常傳統的演出，演得不是很好。上校大部分的時間都在睡覺，但我並不怪他。

我現在要爬進淡紫色的浴缸裡泡澡了，雖然明天一大早就要出發到牛津去，但我仍非得善加利用這座豪華的宮殿不可。

128.《無事生非》（Much Ado About Nothing）：莎士比亞於1660年首次出版的喜劇，與現代浪漫喜劇風格相近，至今仍是其最受歡迎的劇作之一。

七月二日，星期五

　　我去了三一學院，在鄧約翰走過的庭院裡留下了足跡；我去了奧里爾學院，在約翰‧亨利的禮拜堂裡稍坐片刻。而你絕對無法相信，我費了多大的工夫才看到這些地方。我終於還是失控了。我希望我是真的失控了。

　　我們在中午前抵達牛津，並在一條尋常、樹蔭遮蔽著的大學城街道上，找到戴維森家的屋子。蘿拉在那裡等著我們，她說教授正在工作，而她的兒子大衛正在學校計算著還有多少個小時他才可以加入我們一起喝茶。

　　她有著沙啞的嗓音和一口古怪又討喜的腔調——她在維也納出生，並在英國長大。她跟她的丈夫過去都曾是希特勒政權下的難民。

　　她被上校逗得很樂，她稱他為「指揮官」，並說他讓她聯想到小熊維尼。此時，上校與我已經有整整三十個小時的共處時光，但我對於我即將面臨的狀況仍毫無心理準備。這種狀況就算是發生在我最好的朋友身上，我也未必能夠接受，更何況是上校這號人物——在一間校園內的餐酒館裡，他高聲宣布（毫無預警地，我猜他只是因為牛津而興奮過頭了）：「應大眾的要求，大英帝國會重新回歸！最近有個埃及人對我說：『為什麼當全世界都需要你們的時候，你們英國

人卻都謙卑地坐在家裡呢？』」

不知為何，這段發言點燃了我的怒火，我回了一些無禮的話，並和上校爭論不休，直到蘿拉技巧性地介入我們兩者之間，像個女舍監般地為我們重新建立和諧。

午餐過後，我的麻煩開始了。我說：「請問我們可以去看看三一和奧里爾學院嗎？」這時，蘿拉表示，我們得先去參觀波德利圖書館的閱覽室才行，那是雷恩爵士設計的壯麗建築，而她的丈夫正在裡面工作，也想要見我。於是，我們前往圖書館，我見了教授，參觀了閱覽室——拱形天花板、高聳的書架和樓梯，全都相當壯觀。

我們走出圖書館。我說：「那現在我們可以去看看三一跟奧里爾學院了嗎？」蘿拉問我知不知道波德利圖書館的閉架書庫在路面下延續了一英里長？她還指給我看那書庫延續到人行道的何處。接著，上校說他曾經在瓦德漢學院唸了一個夏天的書，他說我一定要去看看瓦德漢的中庭。同時，他和蘿拉也一致同意，他們必須帶我走去看看布萊克威爾書店[129]——一間十分著名的書店，因為他們都知道我對書店多麼有興趣。（我一直想讓大家理解，我對書店其實並沒有興趣，我有興趣的是寫在書中的內容。我其實不逛書店的，我

---

129. 布萊克威爾書店（Blackwell UK）：英國的學術書籍銷售商，又稱布萊克威爾集團，創業於1879年。

逛圖書館——你可以把書帶回家閱讀，而如果你喜歡那本書，則可以再去書店把它買下來。）

因此，在我人生中最陽光燦爛、終於來到牛津的這一天，我被拖著走來走去，看了他們指著的、由雷恩爵士所設計的每個紀念碑和每座教堂；在布萊克威爾書店裡，被拽著走過一張又一張的桌子、一個又一個的書架……而等我回神時，我的老天爺啊，我正在某個叫做瓦德漢的地方的庭院裡走來走去了。時間正分分秒秒地流逝著，我們隨時都有可能要回去蘿拉的家，跟她的兒子一起喝茶。而在喝完茶之後，上校跟我就要打道回倫敦了！

於是**我發飆了。**

我站在瓦德漢學院的中庭中央大叫：「我們什麼時候才要去看我想看的東西？」

蘿拉快步走向我，以十分和藹又寬容的語氣（她曾經當過社工）低聲對我說：

「指揮官在這裡看得很開心。瓦德漢是他與牛津唯一有連結的地方。」

而我十分理智地回她：「他就住在這裡，他媽的他隨時都可以過來看！」

她急忙說：「噓、噓。」接著上校大步走了過來，問道：「怎麼了？有什麼事嗎？」他們倆想了一會兒，然後決定我是對的，並問我有特別想看什麼嗎？接著蘿拉問我，是否確

定真的有奧里爾學院？因為她在地圖上找不到。上校也問我，我所說的三一學院是不是指劍橋的三一學院？查爾斯王子就讀的便是劍橋的三一學院。

我小心翼翼地表示，不是，我想的是約翰·亨利·紐曼——他曾在奧里爾學院教授過英國國教的神學，最後作為天主教樞機主教死去。雖然他從各方面來說都有點瘋瘋癲癲的，不過在這個上帝所創造的、綠意盎然的樂土上，幾乎沒有哪位用英語寫作的人能夠達到像他一樣的境界，而能夠達到如此境界的其中一人，就是鄧約翰。他們兩人都曾在牛津的三一學院讀過書，所以，請讓我去看看三一學院跟奧里爾學院吧！

我們走出瓦德漢學院的庭院，站在一個街角。蘿拉再次研讀她的地圖，接著證實了：這裡的確有一間奧里爾學院。我們去了那裡，我一個人坐在禮拜堂中，與約翰·亨利進行靈魂上的親密對談。（我稍後才得知，上校正在外頭跟蘿拉說，我是個「瘋狂、迷惘，又有點情緒問題的孩子。」）

我們前往三一學院，我在其庭院走了一圈，就這樣。因為觀光客是被禁止進入學校建築裡的。

除非你對建築物很感興趣，不然參觀牛津會是一個很令人喪氣的經驗。每個學院唯一對外開放的地方就只有中庭，除此之外就是禮拜堂，而禮拜堂通常就位於大門的進門處。所

有其他地方都禁止觀光客進入。所以我永遠無法去看大學新生的宿舍，也永遠不會知道那裡是否如同紐曼當年在這兒的日子，有「許許多多的金魚草叢生在窗戶的外頭」。我也永遠無法見到彌爾頓寫作的房間，或是奎勒在劍橋教書的教室——因為劍橋對觀光客也有相同的限制。

　　我們回到蘿拉的屋子，在十五歲的大衛返家的前五分鐘抵達——他為了見我一面而一路跑回家，進門時喘得上氣不接下氣，我從來沒有如此受寵若驚過。

　　上校喝了杯茶，便邁步走向一間臥室去睡午覺，而蘿拉跟大衛還有我則坐在廚房中，交流著有關費城的故事——因為他們的家在那裡，而我在費城長大。他們九月就要回去了。

　　喝茶的時候，蘿拉對我這一整天的經歷充滿了歉疚感，並懇求我擇日再自己搭火車溜回牛津逛逛。（「甚至別讓我們知道妳在這裡，如果妳不想讓我們知道。」她說。大衛問：「為什麼她不能讓我們知道她在這裡？」）我告訴她我已經見了我大部分想看的東西了，在限制範圍內盡可能地看了，而這是實話。

　　開回倫敦的路上，我們經過了一座叫「泰晤（Thame）」的村莊——發音就跟英文的「same」一樣，只是開頭多了個咬舌音。上校告訴我為什麼「泰晤士（Thames）」的發音是

「Temmes」——似乎是因為首位從漢諾威[130]來的國王有著濃厚的德文腔，發不出咬舌音「th」的緣故。他稱泰晤士河為「te Temmes」，而既然國王永遠是對的，大家也只好叫它「the Temmes」，所以從此以後，泰晤士河就變成「the Temmes」了。

他也跟我講了許多「仰賴他建議」的寡婦們的故事，她們似乎都有著「大把大把的錢」，以及仰慕他的孩子們。

我在九點時回到飯店。我這輩子都會因為這趟旅程而感謝他，但是我們的相處時光實在是太長了。我縮在飯店酒吧的一個角落寫下這段日誌——雖然休息室肯定會比這裡要來得舒服，而且還是免費的，但今晚任何想跟我聊天的人恐怕都會被我咬傷。

櫃檯堆積了大量給我的電話留言。來自馬克·康納利[131]、倫敦的《讀者文摘》、妮奇的朋友芭芭拉（Barbara），還有一位我從來沒聽過的女人。櫃檯的服務員因為這些留言感到敬佩不已，我也是！

---

130. **漢諾威（Hanover）**：德國下薩克森邦的首府，為工業製造業高度發展的城市，是德國的汽車、機械、電子等產業中心。

131. **馬克·康納利（Marc Connelly，1890－1980）**：美國劇作家、導演、電影製作人、表演者和作詞家，於1930年獲得普立茲戲劇獎。

七月三日，星期六

　　我剛打給馬克‧康納利。在我還小，且我的父母成天瘋狂地往劇院跑的時候，他就已經是一位享有盛名的劇作家了。真可惜我父母沒能看到他寫給我的粉絲信件。信件大約是在去年的聖誕節前夕寄來的，而我差點在還沒拆封前就把它丟掉了。因為他的名字掛在某個前衛、我毫不在乎的慈善機構底下，因此我一度以為是呼籲捐款的信件。直到我捏著信的手高舉在字紙簍上頭時，我才突然想到，以一封呼籲捐款的信件而言，這信也未免太薄了。於是我將它拆開。

親愛的漢芙小姐：

　　現在肯定有大量的信件朝妳蜂擁而至（有多少感激涕零的人們寄信給妳呢？一百萬？兩百萬？），因此我並不期待妳在一年內或近幾年內讀到我的這封信。

　　總之，妳很快就會發現，這封信和其他的信也沒什麼兩樣，都只是想告訴妳——「查令十字路84號」有多麼溫柔、有趣、機智且美麗，以及讀者們因為與妳活在同一個世紀而感到多麼喜悅。

跪拜，

馬克‧康納利

我竟然差點連讀都沒讀就把它丟掉了。

我在幾個月之後與他見面，他告訴我他七月的時候會到倫敦，待在他的俱樂部。而他想帶我去看看一個紳士俱樂部是什麼樣子的。

明天中午一點，他要來載我去吃午餐。

我必須等到星期一才有辦法打給妮奇的朋友芭芭拉，或是《讀者文摘》，因為他們雙方的辦公室在星期六都沒有營業。妮奇——我那位在中央公園野餐時，被牧羊犬切斯特一屁股坐到惡魔蛋的朋友——在紐約的一間新聞雜誌社工作，而芭芭拉則是在同一間雜誌社的倫敦部門工作。這兩位女孩從來沒有碰過面，但她們倆每天都透過電傳[132]聊天，因而成為相當好的朋友。妮奇要我們發誓我們倆會在我拜訪倫敦的期間跟彼此碰面。

我一定可以撐到十五日，因為晚餐的邀約持續源源不絕地湧入。我才剛打給那位在我不在的期間打電話來、我從來沒聽過的女人。她表示自己和丈夫都是我的書迷，希望我能與他們一起共進晚餐，順便看看他們居住的那一區。我星期二會過去。

---

132. 電傳（teletype）：在傳真機普遍使用前的通信裝置，其原理近似電報。現已被傳真機或網際網路所取代。

除了我之外，每位在這間飯店吃早餐且活著的觀光客，都已經見識過「一丁點」的皇室成員。（我是怎麼知道這件事的呢？因為隔壁桌每位獨自用餐的人在向你搭訕時，通常第一句話都是：「請問[133]我可以跟您借點柑橘醬嗎？」）他們之中有人曾經看見皇室家族離開並準備前往溫莎；曾在走進哈洛德百貨的電梯時，與正好從電梯裡走出來的女王母親擦身而過；曾在安妮公主進入醫院時對她揮了揮手，或是在經過男孩們的學校時，看見過七歲大的愛德華王子從學校裡跟其他男孩們一起走出來……所以，我決定自己也要前往白金漢宮碰碰運氣。

晚上十點

我去了白金漢宮，在頂端有著尖刺的鐵柵欄旁來回走了好一段時間，但我唯一看到的，只有一個令人感到時空錯置的景象：一架由白馬拉著的十七世紀馬車，由穿著華服的馬車夫駕駛著，穿過了鐵門。馬車內有兩位戴著高帽、眼神冰冷的外交官，他們都有一張叼著香菸的二十世紀臉孔。

---

133. 一般在英語中提出請求、建議與問題時，會使用「May」作為開頭，而原文在此處則使用「Might」，為更禮貌且委婉的說法，也為英國皇室所用。

　　我覺得這裡對皇室成員的待遇極度怪異——皇室家族住在一座用柵欄、空地、鐵門、守衛來掩蔽大眾視線的宮殿之中，以確保他們能擁有絕對的隱私。然而，每份倫敦的報紙頭條都大肆宣揚著：「安妮公主的卵巢囊腫已經切除」。你懂我的意思嗎？想像一下自己是個在重重保護下的溫室中長大的年輕女孩，而每間酒吧裡喝啤酒的人，卻都對妳的卵巢瞭若指掌……

　　我在回程中經過林肯律師學院廣場[134]，那是一座位在律師學院旁的公園，面對著被稱為「國王長凳小徑」上的一排漂亮房子。我在一張長椅上坐下，欣賞著這些房屋，並聆聽附近路人的對話：

　　「……好啦，他看起來也不算粗野，就像個從高地來的拉比[135]。」

　　「……但她在那裡沒有任何進展，所以就把東西打包了。現在她回家了，看起來……」

　　「他們是去那裡救自己的領帶[136]的，我他媽的跟你打賭！」

---

134. 林肯律師學院廣場（Lincoln's Inn Fields）：倫敦最大的公共廣場，現由倫敦卡姆登自治市鎮管理，形成該市鎮與威斯敏斯特市南部邊界的一部分。

135. 拉比（Rabbi）：猶太教領袖和經師。

136. 原文為「save their own neckties（領帶）」，然而「只顧自己而不顧他人」的英語為「save their own necks（脖子）」，路人在此將「脖子」說成了「領帶」。

　　現在我又回到飯店酒吧了。通常我是不在晚餐後喝酒的，但這間飯店，如果你在晚餐前喝酒，大家會覺得你很奇怪。現在是晚上十點，我準備來杯馬丁尼。差不多吧？

　　在來到這間酒吧的第一晚，我對年輕的酒保說：

　　「請來一杯馬丁尼，謝謝。」

　　他拿了一瓶馬丁尼和羅西酒廠的苦艾酒，倒了滿滿的一杯，我朝他尖叫：「給我等等！」

　　「可以請你先加琴酒嗎？謝謝。」我問。

　　「噢！」他說，「妳想要的是琴酒馬丁尼。」

　　「可以麻煩你加一些冰塊到調酒杯裡嗎？謝謝。我喜歡冰的。」

　　「好的！」他說。他將一顆冰塊放入調酒杯，加入一小量杯的琴酒，再加入半杯苦艾酒，攪拌了一下，倒入杯中，最後華麗地抖動一下並遞給我。我付了錢，拖著步伐來到一張桌子前，堅定地告訴自己：

　　「別跟其他美國觀光客一樣無法入境隨俗，喝就對了！」

　　但最好有人喝得下去。

　　下一次我來到這裡時是晚餐時間，酒吧空無一人，而我跟酒保變得頗為友好。儘管他覺得我瘋了，還是放了三顆冰塊進調酒杯（冰塊不夠了）。他倒了一小量杯的琴酒進去，接著我說道：

　　「好了，現在再加入一小量杯的琴酒。」

他盯著我看，不可置信地搖搖頭，並加入第二杯琴酒。

「好，現在再加一杯。」我說。

「還要？」他說，而我說道：

「沒錯，然後請你小聲點。」

他又倒入一小量杯的琴酒，依舊搖著頭。他伸手去拿苦艾酒瓶，我說：

「給我倒吧。」

我加入幾滴苦艾酒，激烈地攪拌一下，接著他替我將那杯酒從調酒杯倒入玻璃杯裡，我告訴他**這樣**才完美。

現在他已經知道怎麼調了，但他還是無法接受我堅持要加的第三杯琴酒。他深怕再過不久，就會看見我臉朝下地癱倒在酒吧的桌上，爛醉如泥。

七月四日，星期日

　　一回想起越戰前的日子，便讓我感到十分陰鬱，那時的我還對自己國家的歷史充滿了光榮感，而七月四日也還帶有其特別的意義。

　　馬克・康納利在下午一點時來飯店載我。我穿了棕色的短裙和白色的西裝外套，他說：「妳穿得像是要乘遊艇出航呢！真好看！」他對我行了個禮，並說我們會在希爾頓飯店用餐，因為其他地方都沒有營業。

　　希爾頓飯店有好幾間餐廳，他帶我到最大的那一間。裡頭擠滿了整潔體面、梳理整齊的男人們，以及穿著優雅的女人們，沒有人像在凱尼沃爾斯飯店那樣穿著土氣。這裡的草莓特別大顆，鮮奶油也比較濃厚，麵包是熱的，奶油是冰的，而雞肝除了完美之外，沒有別的形容詞可以形容了。

　　但在凱尼沃爾斯，沒有人會把蛋退回去，也沒有人會用一副稀鬆平常的無禮態度對服務生說話，每一句話都透漏著「我比你高等，因為我有錢」的訊息；而服務生也不會以那種駕輕就熟、結合了輕蔑和奴性的態度來回答。在凱尼沃爾斯的早餐桌上，沒有人會看起來苦惱或是不滿，沒有男人會陰沉地咀嚼午餐，更沒有女人會頂著一張厚厚妝容的面孔，並用尖銳的目光留意著她們的手提包。

當你環視著希爾頓餐廳中的人們的臉，起先你會想要摑他們巴掌，但接著你就會開始為他們感到抱歉，因為這裡沒有一個人看起來是快樂的。

午餐過後，馬克帶我到他位於聖詹姆士街[137]的俱樂部。這棟建築從街道上看起來有些狹窄，但跨過門檻後就會進到一間寬廣的大型會客室，而在那後面還有著其他寬敞的房間。我爬上一座弧形階梯，一旁的牆壁上掛著每任俱樂部社長的肖像畫，他們每一位都長得像是彼得・烏斯蒂諾夫[138]。二樓還有更多寬敞的房間，像是早餐室、遊戲室、圖書室等等。我們在其中一間遊戲室中用彩色電視機看了一會兒板球，至少我看了一下就是了——馬克去小睡片刻了，他已經八十好幾了，這樣做沒關係的。

我在三點時叫醒他，跟他說我要回去了，他興高采烈地說：「現在妳知道我對板球的看法了！」他為我指引大門的方向，建議我可以沿著傑明街[139]一路往下走，順便欣賞一路上的商家櫥窗。

我照著做了。在我走過攝政街與滑鐵盧，並朝著聖詹姆士

---

137. 聖詹姆士街（Saint James's Street）：倫敦聖詹姆士區域內的主要街道。

138. 彼得・烏斯蒂諾夫（Peter Ustinov，1921－2004）：英國電影演員、小說家，曾兩次榮獲奧斯卡最佳男配角獎。於1990年被英國女王伊莉莎白二世授予爵士稱號。

139. 傑明街（Jermyn Street）：位於倫敦西敏市聖詹姆士區的一條單行道，這條街道上有眾多紳士服裝的商店。

公園的方向前去時，你猜我碰到哪一號人物呢？——站在小小的基座上的是，看起來又嬌小又時髦、一副紳士模樣的小小約翰‧伯格因[140]！他在薩拉托加戰役[141]時，輸給了我們這些反叛者。我記得他當初是打算彙整他與其他將軍的兵力，最後卻不幸爆發了某些混亂，導致伯格因的整個軍隊都被抓起來了。如果他知道他是《魔鬼的門徒》[142]中最有魅力的角色應該會很開心，畢竟他自己也是位劇作家呢！在他的部隊佔領波士頓時，他就曾寫了一部劇本，並在該城市由他的軍官們擔綱演出。我真搞不懂英國人們是嗑了什麼才會在這裡放上他的雕像，我猜他可能有在哪裡贏過什麼戰役，但是在美國獨立革命中，他可是單槍匹馬地輸掉了。

我祝他獨立紀念日快樂。

當我來到林蔭大道[143]時，那兒正有個樂團在開演唱會。為了紀念七月四日，樂團演奏了《迪克西》[144]和《共和國戰

---

140. 約翰‧伯格因（Johnny Burgoyne，1722－1792）：英國陸軍軍官、劇作家，曾於美國獨立戰爭期間指揮薩拉托加戰役。

141. 薩拉托加戰役（Saratoga Campaign）：美國獨立戰爭的一場重要戰役，於1777年由約翰‧伯格因率領英軍從英屬魁北克省出發，進攻紐約州。此戰役是促使法國決定與美國同盟的重要因素，被視為美國獨立戰爭的轉捩點。

142.《魔鬼的門徒》（The Devil's Disciple）：蕭伯納於1897年創作的戲劇。

143. 林蔭大道（the Mall）：倫敦的大道，其西面為白金漢宮，東面為水師提督門和特拉法加廣場，南面為聖詹姆士公園，而北面則是綠園和聖詹姆士宮。

144.《迪克西》（Dixie）：美國民謠，為19世紀最具美國特色的音樂之一。

歌》[145]。好吧，有何不可呢？既然我不認識漢普敦，他們也有權利不知道七月四號並非在紀念南北戰爭啊！

我在聖詹姆士公園的陽光下沈浸了一會兒，樂團的演唱會看似沒有止歇的跡象，但我現在沒有心情參與這種場合，於是，我決定改去林肯律師學院廣場。然而，我卻無法走上寬闊的大理石階梯，因為那裡擠滿了聽演唱會的人潮，我只好繼續沿著林蔭大道走，尋找另一個出口。我來到另一處較為狹窄的階梯，想盡辦法要從坐在階梯上的人群中躋身而過，最後，我來到了卡爾頓府聯排[146]，一條排滿豪華公寓的美麗街道。這裡讓我想起薩頓廣場[147]——類似的建築、街邊停著的昂貴汽車、推著嬰兒車從路旁經過的生硬保母……一切都散發著銅臭味。我在這兒繞了一圈，又或許我是走進了另一條相連的街道，我不確定。接著我轉過一個街角，發現自己在一條從沒到過的街道上，而我也不期待往後會再看到一條像這樣的街。

我根本不知道我人在哪裡。我找不到街道的名字，甚至不

---

145. 《共和國戰歌》（ **The Battle Hymn of the Republic**)：美國愛國歌曲。

146. 卡爾頓府聯排（ **Carlton House Terrace**)：倫敦聖詹姆士區的街道，為建在街道南邊陽臺之上、可以俯瞰聖詹姆士公園的兩排房屋。二戰之前，卡爾頓府聯排是倫敦最時髦的寓所，現則多為企業、研究機構和學術團體使用。

147. 薩頓廣場（ **Sutton Place**)：位於紐約市的區域，以高檔公寓而聞名。

確定這是不是一條街。這裡有點像是一座封閉的中庭，一個在克拉倫斯府[148]與聖詹姆士宮[149]後方的死胡同。這條街道上不知名的白色建築或許正是宮殿的背面，這些白色的石頭奢華地閃耀著。而街道則是一片全然的寂靜，光是踏出一步的腳步聲都顯得過於大聲，我於是站著不動，連大氣也不敢呼一下。這裡沒有銅臭味，只有神聖與權力的靜謐。

在這裡，你的心中會充滿如童話般輝煌的君王帝制故事、英國國王和女王尊榮的浮華光景。突然間，你也會想起卡爾・馬克思位於高門的平靜的墳，以及瑪麗女王迎接甘地的畫面，就如同她迎接在他之前的其他大王[150]一樣，或是像是喬治三世被迫作為朝廷大使歡迎約翰・亞當斯[151]那位老暴發戶一樣。看到聖詹姆士宮跟克拉倫斯府如此寧靜地在社會主義的英國土地上沉睡著，你會不由得對這些懸殊的對比感到敬畏。

---

148. 克拉倫斯府（Clarence House）：英國皇室在倫敦的一處建築，位於西敏市的林蔭大道。伊莉莎白王后居住於此近50年之久，後則為威爾斯親王、康沃爾公爵夫人和哈利王子的官方居所。

149. 聖詹姆士宮（Court of St James's）：正式名稱為「聖詹姆士朝廷」，為倫敦歷史最悠久的宮殿之一，至今仍是英國君主的正式王宮。

150. 大王（rajah）：南亞某些地區對於君主的稱呼。

151. 約翰・亞當斯（John Adams，1735-1826）：美國政治家。曾經參與獨立宣言的共同簽署，被美國人視為其中一位開國元勛。於1789年至1797年間出任美國第一任副總統，並於1797年至1801年間接替華盛頓成為美國第二任總統。

　　當你看到一架載著二十世紀俄羅斯跟非洲外交官的十七世紀馬車穿過白金漢宮鐵門，準備要被女王接見時，你將不再使用「時空錯置」這個詞。「時空錯置」隱含的意義是：「有些事物早已隨著時光一起逝去。」然而在這裡，沒有這回事。就像人們常說的──「歷史」是活生生的，而如今也仍都在倫敦好好地活著。

七月五日，星期一

　妮奇的朋友芭芭拉今天早上打了電話過來，我們約好星期五要見面吃午餐。我請她用電傳問妮奇幾個問題，並請她在吃午餐時帶著答案過來。

　我打去《讀者文摘》的辦公室，而接電話的女孩說，我刊載在英國版雜誌上的「書迷來信」文章，內容只有針對美國書迷的來信，她問我，我難道沒有英國的粉絲嗎？一瞬間，我腦中閃過上校給我留下的陰影。我向她解釋，我在撰寫那篇文章時，還沒有看見英國書迷的來信。因此她問我，是否可以針對英國書迷的來信寫篇文章呢？只是他們再過幾天就要送印了，可能明天就需要這篇文章，不知道我是否能夠趕出來？

　我很想說：「小姐，這是我這輩子第一次真正的渡假，而我的假期只剩下十天了！」但不幸的是，我想起如果不是因為《讀者文摘》，我大概也無法得到我這輩子的第一次假期，於是我告訴她我很樂意。

　我現在要拖著自己去德意屈出版社借一臺打字機來了。

稍晚

我寫了一篇大約三頁的文章，帶到《讀者文摘》在伯克利廣場（Berkeley Square）的辦公室。接著從一條我沒走過的優雅道路走回飯店——在觀光地圖上直接向上走，走到攝政公園區域，再穿過去。我在途中經過一間馬廄，其入口的鐵門處貼了一張小小的告示，以提醒路過的路人。告示直白地呼籲：

請勿惹麻煩！

這句話看久了，就會發現它所指的範圍非常廣泛。從污染街道到侵入民宅，再到入侵越南……它真是包羅萬象。

我回到飯店時，櫃檯上有一封給我的信件：

星期三正中午，妳可以過來嗎？要去拜訪兩座英國貴族莊園。

匆忙留筆——

P.B.

　　瑪莉・史考特[152]剛剛打電話來。她曾在去年春天寫信給我，告訴我她和她的丈夫是每年春天和夏天都會待在倫敦的加州人。她提議要帶我來場徒步導覽，因此星期四早上她會來接我，再帶我回她家吃晚餐。

　　明晚，我要跟那對在我去史特拉福時來電的英國夫妻吃晚餐，而星期四史考特夫妻會把我餵飽，我想我可以把省下來的晚餐錢拿去做頭髮了。

---

152. 瑪莉・史考特（Mary Scott）：美國女演員。

七月六日，星期四

我在帕丁頓街（Paddington Street）的一間小店做了頭髮。漂亮的美髮師問我，我是從美國來的嗎？我說：「沒錯。」

「妳覺得倫敦怎麼樣？」她問，「妳有被噪音跟人群干擾到嗎？」

她在說什麼？

以一座大城市而言，倫敦超乎尋常地安靜！雖然交通狀況比我的家鄉還糟糕，因為這裡的街道都非常窄小。儘管如此，街上經過的車輛全都非常安靜，這裡甚至完全沒有卡車，因為城市的法令禁止卡車進入。就連鳴笛聲都很安靜──救護車噗嚕嗚噗、噗嚕嗚噗地叫，就像隻在水面下哭泣的海象。

而我也還沒在這裡看到任何──甚至連在公車上也沒有──會被紐約客稱為「人群」的景象。

午夜

邀請我去吃晚餐的那對英國粉絲是一對迷人的夫妻，他們住在肯辛頓的一個馬棚裡。馬棚原先是為了馬廄或停馬車的馬房而建造的小巷，如今很流行將這些馬棚跟馬廄改建成現

代住家，大家都想住在改造的馬棚裡，因為很新潮。

　　然而，馬廄跟馬棚都是用石頭建造的，沒有窗戶，而馬匹們顯然對於屋內的配管及電力設備也不感興趣。如果你買了這種馬棚，要把馬廄改建成一間廚房（擠在兩個高大石造隔檔之間）簡直會要了你的命——你必須於每間馬廄接配電力、裝上水管，還要將所有廚房和浴廁的裝備及傢俱都搬進原本馬匹適用的隔間中。但在做完這些工程之後，你還是沒辦法在一英尺厚的石牆裡打個洞作為窗戶使用。所以儘管你有了你所需的一切，屋裡還是沒有空氣。邀我吃晚餐的這對夫妻住在一間可愛的小馬廄裡，他們愉快地向我解釋，這裡整個夏天都非常炎熱，熱到他們只要一吃完晚餐就想儘速離開；而冬天，他們則會在沒有暖氣的屋內凍到快要窒息。

　　對街則是阿嘉莎・克莉絲蒂[153]，一如既往舒適地坐在那兒，老了許多。

　　他們招待我吃了優雅的鮭魚排，並載我逛了一圈奇西克[154]——發音是「奇—茲伊—克」（Chizzick）——我們沿著河濱綠道散步。河濱綠道是一條可愛的大道，俯瞰著泰晤士河，你可以從這些房子的門前階梯一路跑下並跳進河裡。這

---

153. 阿嘉莎・克莉絲蒂（**Agatha Christie**）：英國暢銷偵探小説作家，為公認的「偵探小説女王」，對英國偵探小説的發展有極重要的影響和富爭議的啟發。

154. 奇西克（**Chiswick**）：位於倫敦的地區，屬於豪恩斯洛倫敦自治市。

些房屋是查理二世[155]為他的情婦們所建造的，它們全都非常美麗、迷人、昂貴且保養得宜，而住在裡頭的菁英們則被大眾所欣羨，好像泰晤士河並沒有時不時暴漲並淹過他們的客廳一樣。

我不太記得我們本來在聊些什麼，總之我描述了中央公園裡的某件東西，而我的女東道主驚恐地望著我。

「你們真的會去中央公園？」她問。「我記得曾經有人在裡面被殺了。」

我說我幾乎每天都會去那裡，我向她提議，如果她跟她丈夫來到紐約，我可以作為嚮導帶他們遊覽公園。接著，他們告訴我，他們去年在廣場大飯店待了三天，整段期間都不曾離開過他們的飯店房間，因為害怕會被殺死。他們沒有走下第五大道，沒有去看公園，連坐在雙輪馬車上遠遠地看一眼都沒有。他們沒有站上任何一棟摩天大樓，也沒有坐上任何一輛觀光巴士。

他們**從頭到尾都沒有離開過**他們的房間。

「我們太害怕了。」妻子說道。

自從我抵達倫敦之後，有三名男大學生在露營時，於倫敦某營地在睡夢中被槍殺，還有一名女孩在自己的公寓裡被刺

---

155. 查理二世（Charles II，1630－1685）：英國、蘇格蘭及愛爾蘭國王，生前獲得多數英國人的喜愛，以「歡樂王」、「快活王」聞名。

死……城市裡到處都貼有「封鎖倫敦」的告示。我問過PB關於這些告示的事情，他說這是一項「呼籲倫敦人出門要鎖門窗」的運動，因為搶劫犯罪率正在攀升——同一個週末，他就有三位朋友的公寓遭到搶劫。

紐約的犯罪率比這裡嚴重一百倍。我們在一週內會發生的謀殺跟搶劫案，大約跟倫敦一年會發生的數量差不多。但無論如何，在謝亞球場[156]上沒有裁判或粉絲會將視線從棒球球場移開，時間久到足以騷擾一名女孩；也沒有紐約的狗會在街上攻擊三個小孩，並殺死其中一個，就像倫敦上週發生的事件一樣。

我的意思是，糟糕的事情**到處都有**。在紐約尤其糟糕，但並沒有糟到足以成為兩名倫敦人窩在飯店房間裡一整個週末的理由，他們放棄了他們唯一的一次機會，來見識這個二十世紀所創造出的不凡城市。

改天，我要寫一本關於在紐約生活的書——在一棟十六層樓高的公寓大樓裡，裡面住著不同的家庭、單身漢、職業婦女、一名九十歲的老糊塗，還有一名會記得你的名字，並且背得出住在公寓裡的二十七隻狗分別住在哪一號房的門房。對於「不住在紐約的人，告訴我紐約是個多麼糟糕且不適宜居住的地方」的這件事，我已經累了。

---

156. 謝亞球場（Shea Stadium）：位於紐約皇后區，為MLB紐約大都會隊於1964年至2008年的主球場。

七月七日，星期三

　　PB帶我去了錫永宮[157]，這裡是那些試圖讓珍‧葛雷[158]以及和蘇格蘭的瑪麗女王站同一陣線的女王，與伊莉莎白打對臺的悲慘諾森伯蘭[159]人的祖宅。這裡的玫瑰園比我過去所見過的更超凡入聖──好幾畝如彩虹般壯觀的各色玫瑰。PB告訴我，他跟幾位朋友在鄉間度過了週末，他的友人有兩座玫瑰園，卻連一個花苞都不願意讓他帶回家。倫敦人總心心念念著他們的花園，他和同一棟大樓的其他住戶們也在屋頂上種了幾盆花，玩點園藝。

　　我們從錫永宮去到奧斯特利公園[160]，以及另一棟我想不起來是誰的祖宅。我前陣子學了一些關於納西建築和雷恩爵士的教堂的知識，而今天在奧斯特利公園，則該學學有關亞當[161]的事了──那錯綜複雜的鑲嵌工藝覆蓋在拋光的木板之上，

---

157. 錫永宮（Syon House）：位於倫敦西部錫永公園內的一座建築，由建築師羅伯特‧亞當於1760年代修建。

158. 珍‧葛雷（Jane Grey，1537－1554）：英國女王，根據英國官方所示，她於1533年7月10日成為女王，並於7月19日被廢黜，又被稱為「九日女王」。

159. 諾森伯蘭（Northumberlands）：英國最北、最東北的區。

160. 奧斯特利公園（Osterley Park）：位於倫敦西部郊區豪恩斯洛倫敦自治市的莊園，為英國一級登錄建築。

161. 羅伯特‧亞當（Robert Adam，1728－1792）：蘇格蘭新古典主義建築、室內設計、傢具設計師，對英國和蘇格蘭的古典建築復興有極重要的影響。

就算你花好幾小時仔細察看這裡的牆壁，也無法看清雕工的所有細節。在如今這個被手錶、汽車、飛機、時程表所主宰的世紀裡，實在很難想像過去有人能以無窮無盡的時間跟耐性來做這樣的工藝。

PB在回程中告訴我，他曾斷斷續續地在好萊塢工作了好幾年，擔任一名針對英國區域的電影顧問。PB曾在全盛時期的好萊塢工作的這個概念——尤其在好萊塢幾乎就是「沒品味」跟「過度浮誇」的同義詞時——對我來說有些怪誕，但接著我意識到，他就是那種在任何場合都能泰然自若、獨樹一格的人，似乎沒有任何人事物能從他身上帶走什麼。他走遍所有地方，他認識每個人，在社交圈中也十分活躍——他的壁爐架上總立著十幾張邀請函——但他也總跟周圍的人們保持著一點點的距離。

他告訴我，他曾經花好幾個月的時間捜著一位要設計紐約埃塞克斯酒店[162]的美國建築師在全英國兜轉。因為埃塞克斯酒店要翻修酒店裡的雞尾酒廊，他們想試圖重建英式風格的酒館。

「他們派了一位小夥子來這裡見我，我載著他在鄉間四處

---

162. **埃塞克斯酒店（Essex House）**：於1931年開業於紐約曼哈頓的豪華酒店，其屋頂具有獨特的紅色霓虹燈標誌。

看看境內最好的每一間老酒館。他回紐約後，將畫好的設計圖寄給我看。等我們回到家我再拿給妳看。」

我們回到盧特蘭門，他將那些設計圖給我看，真的相當出色——是一間有著木板牆、古董風木桌和長凳的酒館，裡頭設有老式的高吧檯，以及酒桶。酒館在老式掛燈的照耀之下，看起來溫暖又古色古香，木頭表面也散發著光澤。

「這間酒吧還在嗎？」我問。

「應該吧。」他說。

「等我回國之後，我一定要去看看，」我說，「他有寫信跟你說最後看起來怎麼樣嗎？」

「噢，有的，」——他用他那輕盈、不置可否的嗓音說——「埃塞克斯酒店後來採用壓克力樹脂、鉻金屬還有黑皮革來裝潢酒吧。」

這星期六他就要出發去威爾斯一週。等他回來我已經走了。

七月八日，星期四

　　瑪莉・史考特帶我在騎士橋跟肯辛頓進行一場步行導覽，我們首先去了哈洛德百貨，因為我從來沒有去過那裡。這間百貨真不可思議，無論你想買什麼都找得到，從鑽石項鍊到活生生的老虎，一切應有盡有──他們還有自己的動物園！我想到了切斯特──跟我住同一棟大樓的牧羊犬──他就是從哈洛德百貨來的。

　　在地面樓層[163]有一間花店，如果你想要買一打玫瑰，可以自己分別挑選十二朵花──可以選擇全部都是花苞，或是全部都完全綻放，也可以一半一半。你甚至可以從現有的顏色中都各挑一朵。為了寄十二朵玫瑰花給PB，在他出門去威爾斯前為他的公寓增添風采，我發了狂地東挑西湊著。我不知道除此之外，還有什麼方法可以對他表達我的感謝。

　　我們在馬棚、死胡同前閒逛，並走進花園和小巷裡探頭探腦。對我而言，相較於肯辛頓、騎士橋與攝政公園一帶，切爾西[164]儘管迷人，卻還是顯得有些過於自覺。史考特家住在攝政公園附近，我告訴史考特太太，如果我可以在倫敦租一間公寓，我會想要住在那一帶。她說那一帶不叫攝政公園，

163. 英國或歐洲國家的樓層算法，與美國或亞洲國家不同──英國將一樓稱作「地面樓層（ground floor）」，二樓則為「第一層樓（first floor）」。

164. **切爾西（Chelsea）**：位於倫敦市中心，為倫敦著名的高級住宅區。

而叫馬里波恩[165]。

他們在格洛斯特路[166]上有間寬敞的公寓，而她已經為晚餐做好了美味的鮭魚慕斯，裡頭盛滿了鮮奶油。鮭魚在英國是一大珍饈——這裡的人們常請賓客吃鮭魚，就像在我的家鄉，人們會請賓客吃菲力牛排或是龍蝦一樣。

回到飯店時，差不多是十點左右，我一個人獨占了休息室一個小時，但是現在我的好運用完了。一名女子走了進來，尋找聊天的對象。她告訴我，一定要到聖殿區[167]看看——先找到中殿[168]，接著會看到兩扇巨大的白門，順著白門的引導來到聖殿、內殿[169]以及中殿廳堂。那裡的人員會指引

---

165. 馬里波恩（Marylebone）：位於倫敦西敏市的豪宅區，自倫敦地鐵朱比利線開通以來，該地區逐漸成為醫療和牙科診所的聚集處。

166. 格洛斯特路（Gloucester Road）：位於倫敦肯辛頓的路，北往肯辛頓花園，南達老布朗普頓路。

167. 聖殿區（Temple）：聖殿教堂附近的區域，為英國著名的法律中心——4所英國律師學院中的內殿律師學院和中殿律師學院都位於此處，同時還有許多大律師與事務律師的事務所，以及著名的法律機構也位於此處。

168. 中殿（Middle Temple Lane）：坐落於聖殿區的律師學院，為英國倫敦的4所律師學院之一，另外3所律師學院分別是林肯律師學院、內殿律師學院和格雷律師學院。

169. 內殿（the Inner Temple）：坐落於聖殿區的律師學院，為英國倫敦的4所律師學院之一，另外3所律師學院分別是林肯律師學院、中殿律師學院和格雷律師學院。

出狄更斯寫作《遠大前程》[170]的地方——看來現在不是個向她坦承我覺得《遠大前程》很無聊的好時機，如此一來便會使對話難以進行——我每次都是在釀下大錯後才學到教訓。

她說，聖殿騎士團[171]就葬在該教堂的地下，而這也是為什麼那裡被叫做「聖殿」。她接著說明，教堂在戰爭時被催毀了，而所有騎士的骨骸都在戰後被挖起來，並一起埋葬於新建教堂地下的合葬墓中。幸好我還蠻想去看看這些東西的，因為假如我不想看，我就得離開休息室了。我想她應該每晚都在這裡說這些事給不同人聽。

兩名女人剛走了進來——三十出頭，穿著十分整潔，可能是學校教師。她們是從多倫多來的——看來，聖殿女今天也推薦了她們一些行程，而她們倆正是來告訴她，她真的是對的。有關搭船遊格林威治[172]，還有國家航海博物館[173]。

聖殿女說：「我對那裡有興趣，因為我是美國人，格林威

---

170. 《遠大前程》（ Great Expectations ）：狄更斯晚年所創作的教育小說，又譯為《孤星血淚》。

171. 聖殿騎士團（ Knights Templar ）：正式全名為「基督和所羅門聖殿的貧苦騎士團」（Pauperes commilitones Christi Templique Solomonici），為中世紀的天主教軍事修士會，乃著名的三大騎士團之一。

172. 格林威治（ Greenwich ）：位於大倫敦東南的城區和歷史古鎮，以其海事歷史、作為本初子午線的標準點，以及格林威治時間而聞名於世。

173. 國家航海博物館（ Maritime Museum ）：於1937年建立於英國格林威治的博物館。

治那裡有朝聖者[174]的文物，因為他們是從那裡上船的。」我一直以為他們是從普利茅斯[175]上船的。但我什麼都沒說。我正在控制一股想要轉頭對她們三位閒話家常般地開口的瘋狂衝動：

「妳們知道當朝聖者的神父抓到一名朝聖者跟一隻牛之間有風流韻事時，他們不只會吊死這名朝聖者，還會把牛也一起吊死嗎？」

其中一位教師想知道，我就是**那位作家**嗎？她們從櫃檯那裡聽聞了許多關於我的事情。她們還說，如果她們明天弄到一本我的書，我可以幫她們簽個名嗎？有何不可呢？我曾在某個晚上告訴另一位女子，她失掉了擁有一本碩果僅存、沒有簽名的書的大好機會，但她只是滿臉困惑地看著我。真是的，都沒有人了解我的幽默感。

---

174. 朝聖者（Pilgrim）：美國早期殖民地的一個移居群體。

175. 普利茅斯：（Plymouth）：位於英國西南區域的城市，曾是英國皇家海軍的造船基地，有豐富的航海歷史。

七月九日，星期五

羅素廣場[176]

　　早上十點時，一名男子代表倫敦廣播電臺前來採訪我，我把他跟他的卡帶錄音機拖到羅素廣場這裡來，我才不要在一個有著耀眼陽光的夏日早晨，坐在灰暗的飯店大廳裡。

　　他告訴我上一季有一部關於納爾遜勳爵[177]和漢彌爾頓夫人[178]的戲劇，劇本在被送去白金漢宮後，又和一張字條一起被送回製作人的辦公室，字條上寫著：

　　愛丁堡公爵[179]覺得你這樣寫對於漢彌爾頓夫人極為不公。女王暫且不予置評。

　　這裡的每個人都可以告訴你一些關於菲利普的軼聞趣事，他們對於他如此不矯揉造作的個性感到十分驕傲。人們把皇

---

176. 羅素廣場（Russell Square）：位於倫敦的大型園林廣場，為倫敦高等教育機構的集中地之一，臨近倫敦大學的圖書館及大英博物館。

177. 納爾遜勳爵（Lord Nelson，1758－1805）：英國著名的海軍將領及軍事家，於多場重大戰役中帶領皇家海軍取得勝利，因而聲名大噪。被英國人視為偉大的軍事人物，在第一次世界大戰前為大英帝國海上霸權的象徵之一。

178. 漢彌爾頓夫人（Lady Hamilton，1765－1815）：本名為愛瑪（Emma），被視為18世紀最著名的交際花，於婚後戀上其丈夫威廉・漢彌爾頓爵士的好友納爾遜勳爵，以「納爾遜勳爵的情婦」而聞名。

179. 愛丁堡公爵：即菲利普親王，女王伊莉莎白的王夫。

室成員當作親戚的這一點相當有趣，他們談起皇室的口吻有點類似「我的表姊伊莉莎白[180]跟她老公還有他們的孩子啊」的感覺。這裡的每個人都覺得自己可以自由地批判他們，親戚們的用途不就是這樣嗎？伊莉莎白、菲利普[181]和查爾斯王子[182]都非常受歡迎。而對於安妮公主[183]的評價則正反參半，大部分我遇到的英國人對於她的話題都語帶保留——如果你問一位英國人：「安妮公主是位怎麼樣的人啊？」

那位英國人會說：「嗯，你要知道，她還很年輕，這一切對她來說都還很新鮮，畢竟她才二十歲而已，你也沒辦法期待——」就算你明明只是問了：「她是什麼樣子的啊？」

但他們都很欣賞她的馬術能力，他們會驕傲地告訴你：「她能代表英國騎馬！」

人們對於王母太后[184]的評價也是正反交雜（這點讓我相當驚訝）。有一位女士跟我說：「她的公眾形象是媒體塑造出來

---

180. 伊莉莎白二世（Elizabeth II）：英國與大英國協王國的現任君主，及大英國協的現任元首，是英國歷史上最長壽的君主和世界上目前在世最年長的君主。

181. 菲利普：即菲利普親王，女王伊莉莎白的王夫。

182. 查爾斯王子：全名為查爾斯·菲利普·亞瑟·喬治（Charles Philip Arthur George），為現任英國君主伊莉莎白二世和王夫愛丁堡公爵菲利普親王的長子，位居英國王位繼承序列的首位。

183. 安妮公主：全名安妮·伊莉莎白·愛莉斯·路易斯（Anne Elizabeth Alice Louise），為英國女王伊莉莎白二世唯一的女兒，同時也是著名的慈善工作者。

184. 王母太后：現今英國女王伊莉莎白二世之母，以第二次世界大戰中展現的正義形象聞名，希特勒形容她是「全歐洲（對我）最具威脅性的女性」。

的傑作。我有次在哈洛德百貨剛好站在她旁邊，跟她對上了眼，她的眼神是我這輩子見過最冰冷的。」

　　我現在得回去飯店跟妮奇的朋友芭芭拉見面吃午飯了。她不喜歡咖哩，但是她相當慷慨大度地要帶我去附近的夏洛特街[185]上的一間咖哩店。

稍晚

　　我從羅素廣場回來後，櫃檯有一張留給我的感謝字條。

　　極棒的玫瑰送來了──在我寫這封信的這個當下，它們就在我的桌上，芬芳了整間房間。妳真是細心，謝謝妳！我才剛跟琴・易利聊過，她跟泰德（Ted）昨晚抵達了肯諾特[186]。對於介紹我認識了妳，我向她致謝。

　　我十八日就回來了。到時候還要在喔！

匆忙留筆──

P.B.

---

185. 夏洛特街（Charlotte Street）： 位於倫敦市的街道，街道上融合了不同世紀的建築物，並以多種美食的餐廳而聞名。

186. 肯諾特飯店（Connaught）： 坐落於倫敦的五星級豪華飯店。

我十五日星期四就要走了。

電傳內容
一九七一年七月六日

透過芭芭拉給妮奇　來自海蓮

兩個要求——第一，安迪‧卡普[187]絕版了，妳可以再想些更有文化深度的東西讓她帶回去給妳嗎？第二，她想知道兩間蘇活區[188]最好吃的道地印度咖哩餐廳。她還活得好好的。

給芭芭拉　來自妮奇

謝謝妳傳海蓮的訊息給我。從她寄給我的明信片看來，她好像嗨到每天都在辦舞會。妳見到她了嗎？

還沒見到她，但這週五會跟她吃午飯。妳幫她想好咖哩餐廳了嗎？

---

187. 安迪‧卡普（**Andy Capp**）：由漫畫家雷格‧史密斯（Reg Smythe）創作，並連載於《鏡報》上的漫畫。

188. 蘇活區（**soho**）：位於紐約曼哈頓的區域，有許多精品店、特色餐廳與藝術館。

還沒,但我很快就會跟我的印度朋友一起看看。我剛度假回來。告訴她我戀愛了。

很好,掰。

————————————

一九七一年七月八日
倫敦格林威治標準時間　十五點十分

給芭芭拉　來自妮奇

兩間咖哩餐廳如下——穆爾吉·卡里(Murgi Kari)和穆爾吉·馬沙拉姆(Murgi Masalam)。還有妳可不可以轉告她以下來自肯恩·彌爾斯(Ken Mills)的訊息:一切都玩完,就開始幫國家聯盟西區的道奇隊加油吧!最好也開始看板球比較好。好好玩,然後謝謝。

好喔,妮奇,我會的。掰。

————————————

一九七一年七月九日

給紐約的妮奇

剛跟海蓮吃了午餐,草草寫下這個訊息給妳——

布魯姆斯伯里街的女公爵說,什麼叫做一切都玩完?現在才七月呢!等我回去,大都會[189]就會開始贏了,繼續為他們加油啊!女公爵說,在沒有她的允許下,禁止妳擅自訂婚!她要先好好地瞧瞧他。

———————————

189. 大都會（Mets）: 紐約大都會棒球隊。

七月十日，星期六

　　我認為每位工作的人都應該在星期六下午休假，但在這裡，他們對於管理假期自有一套傻方法。

　　我到福南與梅森百貨[190]去買一些送給好友的小禮品，等我買完已經中午了。百貨裡有間看起來相當吸引人的咖啡廳，於是我朝那走去。有一長排的人們正在排隊等候桌位，但有一些櫃檯的座位是空著的，因此我爬上一張椅凳，拿起菜單。在我兩側的人們正在上餐中，女服務生十分忙碌。我等她上完其他人的茶跟餡餅，終於轉向我之後，我才說道：

　　「我要一份——」而她接著說：

　　「小姐，我們打烊了。」我說：

　　「你們什麼？」

　　「我們打烊了。」她說。

　　接著她指向一位正在把一個標誌搬向門口的服務生。他將標誌放在一長串排隊隊伍的最前方，果不其然，上頭寫著「休息中」。

　　在星期六的正中午、所有商店都還在營業且擠滿購物客人的情況下，這間咖啡廳居然關門了。我所說的「該有個好工

---

190. 福南與梅森百貨（Fortnum & Mason）：倫敦著名的食品商店和百貨公司，創立於1707年，為英國最著名的品牌之一。專賣高級食品和其他奢侈品。

會」就是這個意思。

今天下午我去了聖殿。在我看完走出來時，外頭正下著雨，於是我搭了公車回家。在倫敦搭公車要十分小心。有一個告示寫著：「在尚未允許下車前，請勿下車」──相信我，這樣寫完全是為了你好。

駕駛在巴士的前端，背對著乘客。理論上來說，車掌應該要在另一端──你下車的地方。但他同時也得在車上巡視，詢問新上車的乘客要坐到哪裡，給他們車票，收費，再找錢給他們。公車是雙層的，有一半的時間他都在樓上。

當公車到你的站時，如果他還在樓上，**千萬不要下車！**就直接坐過站並等他下樓吧！因為，要是車掌沒有在一樓跟駕駛打手勢，表示你已經安全下車，駕駛不會真的在你的街角停下來──他只會在那裡減速並暫停，並擅自假定你已經安全下車，接著繼續往前開。嬌小靈活如我，儘管已經敏捷地躍下了巴士，還是差點跌了個狗吃屎。因為當我的左腳還踩在巴士的最後一階時，巴士就又往前開了。

我剛打給了現在在肯諾特飯店的琴‧易利，感謝她請PB帶我遊倫敦。她要我在星期四晚上與她一起吃晚餐，她想聽聽全部的經過。

七月十一日，星期日

　　我把最想去的三大景點——西敏寺、倫敦塔和聖保羅大教堂——留到最後一個禮拜再去，我很高興自己這麼做了。知道我就要去看它們了，可以讓我在還沒做好心理準備要回家，甚至因此感到憂鬱前還保有一些期待。今天早上我醒來，感到極為興高采烈，因為席拉、諾拉和我，這個下午就要去西敏寺了！

　　這裡充斥著沒有人跟我提過的奇聞怪象——好比說一塊紀念約翰・安德烈少校[191]的牌匾，上頭寫有「就連他的敵人也哀悼他」的字樣。「他的敵人」就是我們這些反叛者[192]啦。班奈狄克・阿諾德[193]是背叛美國投靠安德烈的間諜，美國人最後將安德烈逮捕並絞死了，就像英國人在那之前也抓住納森・海爾[194]並將他吊死一樣。但難以置信的是，比起納森・海爾的死，多數美國歷史學家更重視安德烈的死亡。納森・

---

191. 約翰・安德烈少校（Major John André，1751－1780）：英軍少校，於美國獨立戰爭期間擔任美國特勤局局長。
192. 此處指獨立戰爭時，意圖獨立的美國人。
193. 班奈狄克・阿諾德（Benedict Arnold，1741－1801）：為美國獨立戰爭時期的重要軍官，屢立戰功，後因變節投靠英國而在美國頗受爭議。
194. 納森・海爾（Nathan Hale，1755－1776）：美國獨立戰爭期間陸軍的一名士兵與間諜，被認為是美國英雄。

海爾是一位窮苦的農家男孩,而約翰‧安德烈則是一位俊美的英國貴族——懂了嗎?在階級意識極強的費城,同時也是安德烈駐紮的地方,也難怪「連他的敵人也哀悼他」。

發現亨利‧歐文[195]被葬在西敏寺裡,而愛倫‧特里[196]卻沒有,實在令我憤怒。亨利‧歐文就如同蓋里克[197]一樣,是英國的傳奇演員之一。在1890年代的倫敦,亨利‧歐文是名偶像,而愛倫‧特里則是他的女主角——我在閱讀她跟蕭[198]的書信往返後,開始對她產生好感。但為什麼歐文被葬在西敏寺,而愛倫的骨灰——據席拉所說——卻被葬在柯芬園市集附近的小演員教堂裡呢?這不是純粹的男性沙文主義嗎?我決定要去演員教堂那裡。

這個時代的記號——有一張長板凳被放在一座墳墓的上頭,只能看到碑文的一小部分:「魯德亞德‧吉——」[199]。

---

195. 亨利‧歐文爵士(Sir Henry Irving,1838－1905):為維多利亞時代的英國舞臺劇演員,同時也是蘭心劇院(Lyceum Theatre)的主管。於1895年成為英國第一位獲封騎士的演員。

196. 愛倫‧特里(Ellen Terry,1847－1928):著名的英國女演員,於1878年加入亨利‧歐文的劇團並擔任首席女士。

197. 大衛‧蓋里克(David Garrick,1717－1779):英國演員、劇作家、劇院經理和製片人,參與過許多戲劇演出。

198. 蕭伯納(George Bernard Shaw,1856－1950):英國／愛爾蘭劇作家和倫敦政治經濟學院的聯合創始人,以寫作戲劇而聞名。1926年因「作品具有理想主義和人道主義」而獲1925年度的諾貝爾文學獎。

199. 此處指作家吉卜林的墓碑。

在我們離開的路上，經過了英國陸軍部。今天非常熱——華氏八十四度，以倫敦來說算相當熱了。在陸軍部的外頭，有一名坐在馬上的守衛。他戴著一頂堅實的黃銅頭盔，外加保護鼻樑的銅片，那銅片一定被烈陽曬得非常燙。他穿著一套厚厚的羊毛織制服、長長的皮手套以及皮靴，身旁圍著波斯羊毛製的馬鞍毯，手裡抓著一根因高溫而已經微微彎曲的長矛。為了俄羅斯的前線，他將全身裹得緊緊的，獨自在熱氣蒸騰的星期天，帶著一根彎曲的長矛在英國陸軍部前守衛著核彈機密。就他一個人，跟一匹披著毛毯的馬。

席拉說他是在這裡取悅像我這樣的觀光客的，他就是我們這些人來這裡想看到的——衣著光鮮的倫敦。也許吧。但我似乎聽見從遠處的威爾斯，傳來輕輕的聲音評論道：

「他們這七百年來，從沒有一晚沒鎖上門的。」

回到高門吃晚餐的途中，我們在瓦特洛公園[200]稍停了一下——它的高度比整座城市高出許多，公園裡的日晷上寫有說明：

這座日晷的高度
相當於聖保羅大教堂的圓頂

---

200. 瓦特洛公園（Waterlow Garden）：位於北倫敦高門的公園，視野極佳，可觀看整座倫敦市的風光。

而當你沿著山丘望過去，圓頂真的就跟你的視線一樣高。

在公園的中央，有一棟有著高高陽臺、兩層樓高的建築，席拉告訴我這棟建築是查理二世為奈爾・圭恩[201]所建的。奈爾在那裡幫他生了個兒子，一直要求查理幫這個孩子封爵位，只不過查理不斷地推辭。有一天，當奈爾看到國王騎著馬，朝著房子前來拜訪她時，她便走到陽臺上，抱著嬰兒，由上往下對他叫道：「如果你不幫你兒子封個相稱的爵位，我現在就把他從這裡丟下去摔死！」

於是查理二世大聲叫道：「夫人，不要把——公爵丟下來！」這就是這孩子得到爵位的經過。

稍晚

依娜剛打來告訴我，他們回來了。他們想邀請我明晚與他們一起用餐，並參觀他們在伊靈[202]的公寓。她說她跟里歐會在「半七（hoppusseven）」來這裡接我。這裡沒人會說「六點半」或是「七點半」，他們都說「半六（hoppussix）」或

201. 奈爾・圭恩（Nell Gwyn，1650－1687）：英國舞臺劇演員，同時也是英國國王查理二世的皇室情婦。
202. 伊靈（Ealing）：倫敦伊靈區的中心地區，為「倫敦計劃」中定義的主要都市中心之一，其部分區域仍保留鄉村原貌。

「半七」。還有，在我家鄉的「入（in）」在這裡是「入時（trendy）」的意思；「放棄（give it up）」在這裡是「停下來（pack it in）」的意思，而「算了（never mind）」則是「別擔心（not to worry）」。

另外，發音相同的字，在美國與英國也有不同的拼法。「路邊（curb）」在這裡要拼成「kerb」；「帳單（check）」拼為「cheque」；「球拍（racket）」則是「racquet」——更讓人頭昏腦脹的是，「監獄（jail）」要拼成「gaol」，但發音卻還是跟原本的「jail」一樣。

還有，「書報攤（newsstand）」叫「報亭（kiosk）」；「地下鐵（subway）」叫「管車（tube）」；「雪茄店（cigar store）」叫「菸草店（tobacconist's）」；「藥店（drug store）」則是「藥劑局（chemist's）」；「公車（bus）」叫「車駕（coach）」；「卡車（truck）」叫「運貨車（lorry）」；「分期付款（buying on time）」叫「雇用購買（hire purchase）」；「現金批發商場（cash and carry）」則是「現金自助批發商（cash and wrap）」……就像蕭曾觀察後所做的結論，我們是被一個通用語所分隔的兩個國家。我現在要去睡了，因為已經「十二點過四分之一」[203]了。

---

203. 作者在此段比較美式英文以及英式英文的報時差異，此處的「十二點過四分之一」即為十二點十五分。

七月十二日，星期一

噢，多麼美好的日子呀！

從現在起，我會記得在每次祈禱時也為《讀者文摘》祈禱的。稍早我去櫃檯領一封來自倫敦《文摘》的信，我猜是新文章的印刷校樣，但我拆開了信封，裡頭竟是一張五十鎊的支票！我欣喜到差點當場死亡。

我好不容易找到奧圖先生，問他我是否可以再續住這間房間十天，他對我的問題感到相當震驚，說道：「妳難道覺得我們會把妳趕出去嗎？！」並噴噴了幾聲。

我衝下街道，來到德意屈出版社，告訴每個人這個消息。卡門說這星期三《星期日快報》的安・愛德華茲（Ann Edwards）想要邊吃午餐邊採訪我。

「而且妳猜在哪裡？薩佛伊飯店[204]的河景廳！那裡是全倫敦最神聖的地方，我真替妳感到高興。」

譚默先生說他沒辦法幫我把支票兌現，那張支票只能在銀行兌現。明天我會帶它到銀行去的。

我打給諾拉並告訴她這個消息。她想要在星期五幫我辦一

---

204. 薩佛伊飯店（Savoy Hotel）：位於倫敦西敏市、可以欣賞泰晤士河全景的豪華飯店，被稱為「倫敦最有名的飯店」，同時也是英國的首間豪華酒店，吸引許多皇室和富裕的食客前來，邱吉爾過去也經常與他的內閣到此處吃午飯。

場自助餐會，介紹我見見所有的稀有書商，她想在他們都「放假」之前辦這場餐會。

喬伊絲・格倫菲爾打電話來跟我說明晚餐的細節，她說她會寄一張字條來，上頭有如何搭公車到他們的公寓的完整指示——我對於在倫敦有把握「能讓一封於星期一寄出的信，在星期二送達」的這件事感到驚艷。你要是在紐約於星期一寄信到一個街區以外的地址，或許可以在星期三送到吧！但也極有可能到了星期四都還沒送達。

既然我現在的社交生活如此熱絡，我也只好面對現實——我不能在接下來的兩週都一直穿同一件裙子了。老天保佑我的民主黨俱樂部跟我的哥哥，我現在就要帶著禮品券跟最後攢起來的一點現金去哈洛德百貨了，依娜說他們的夏天洋裝正在清倉特價中。

稍晚

哈洛德百貨賣的都是賣不掉的高價品，且大部分都是中長裙。我沿著那條街繼續走，來到夏菲尼高百貨公司[205]，買了一

---

205. 夏菲尼高百貨公司（Harvey Nichols）： 創辦於1831年的英國高級百貨公司，其總店位於倫敦。主要銷售高級品牌產品，種類包括男裝、女裝、家庭用品、美容產品及食品等等。

件特價中、駝白色相間的亞麻裙，接著又回去哈洛德，用禮品券換了一個打折的沙色肩包。我將我所有的東西都放進新包包，接著把我舊的白色草編肩包扔進哈洛德的垃圾桶裡，它這一週來已逐漸散開、壞掉了。

我搭了計程車去約翰遜博士之家[206]，並在切希爾起司餐館（金錢於我如無物）吃了午餐，接著到《倫敦標準晚報》稍停一會兒去見薇樂莉——在我降落那天採訪我的女孩——告訴她《標晚》又要重新採訪我一次（現在我已經在這裡一段時間了，那我還喜歡嗎？）在與她說話的同時，新肩包的提帶斷了。薇樂莉大感驚詫，我說：「難怪它是特價品。」她說：「對啊，但這可是哈洛德百貨呢！」從來沒有人用這樣的語氣對「邦威特百貨[207]」說過同樣的話。

她叫我到弗利特街[208]上的一間小店修理包包，店員一邊幫我修理，一邊為我指引走回布魯姆斯伯里的方向，因為我想走路回家。他說：

「走到歐蹦街，然後跟著公車走。」

---

206. 約翰遜博士之家（Dr Johnson's House）：英國作家山繆・約翰遜（Samuel Johnson）的故居，房內設有鑲板房、松木製樓梯，並收藏了約翰遜居住時的家俱、版畫和肖像。

207. 邦威特・特勒百貨公司（Bonwit Teller）：位於紐約市的豪華百貨公司，主要銷售高端女士服裝。

208. 弗利特街（Fleet Street）：倫敦市內一條著名的街道，因跨越弗利特河而得名。直至1980年代都是傳統英國媒體的總部，現依舊是英國媒體的代名詞。

我四處尋找著「歐蹦街」，也找了聽起來很像的「奧本街」，最後終於誤打誤撞地找到了他所說的那條街——「高霍本街（High Holborn）」。原來這就是人們所說的考克尼[209]口音啊！

該是準備蹲進我那虐待人的淋浴間的時候了，之後再鑽進新的洋裝裡，準備見里歐和依娜。

午夜

里歐帶我們去一間高檔的海鮮餐廳吃晚餐。這裡的貝類跟在我家鄉的貝類長得一樣，味道卻大不相同——這裡的蟹肉跟龍蝦雖然看起來更為肥厚，卻淡而無味，以美國人的口味來說幾乎毫無味道。

他們載我到他們的公寓去，我看到依娜為海莉·米爾斯跟潘蜜拉·布朗所畫的畫像。我對潘蜜拉·布朗抱有一種特殊的情感，這可以追溯到一部很舊、很舊的英國電影，叫做《我知道我要往哪去》[210]。我也曾看過她在舞臺上演出《不可

---

209. 考克尼（cockney）：指倫敦的工人階級或其口音，亦指倫敦東區及當地民眾使用的考克尼方言（即倫敦方言）。

210.《我知道我要往哪去》（I Know Where I'm Going!）：1945年的英國浪漫電影，由溫迪·希勒（Wendy Hiller）、羅傑·利弗西（Roger Livesey）、潘蜜拉·布朗（Pamela Brown）和芬利·庫裡（Finlay Currie）飾演。

兒戲》[211]。

我對繪畫一無所知，甚至連喜歡一幅畫時該說什麼才對都不知道，但她畫中那些人像的臉，真的能夠打動人。我佩服得五體投地，我告訴依娜，她又漂亮又頂著一頭金髮，看起來像剛畢業那樣年輕，卻又是如此才華洋溢……這簡直太犯規了。

里歐表示他要為我調一杯他鼎鼎大名的夏日特製飲品，於是他快步走去廚房，乒乒乓乓地忙了一陣，接著端了三杯裝在高長杯裡的飲料回來。我通常在晚餐之後是不喝飲料的，而且我也不喜歡無酒精飲料。我分不出來高長杯裡裝的是什麼，於是我隨便拿了一杯，說道：

「這是薑汁汽水，對吧？很好喝。」

「這是琴通寧[212]。」里歐說，一臉受傷的表情。

「是不是有點喝不太出琴酒的味道啊？」我說。於是他大步走回廚房去拿琴酒瓶。依娜以老婆式的賊笑笑彎了腰。

「那是他的特製調酒！他很引以為傲的！」她倒抽一口氣，接著又繼續笑到抽筋。我感覺糟透了。我告訴里歐，我這輩子都在說錯話。他往我的杯裡倒了更多的琴酒，看著我

211.《不可兒戲》（Being Earnest）：由愛爾蘭劇作家王爾德創作的諷刺風俗喜劇，於1895年在倫敦的聖詹姆士劇院首演。

212. 琴通寧（Gin and tonic）：又譯「金湯力」，由琴酒和奎寧水調製而成的雞尾酒。

啜飲。直到他覺得我已經喝夠多了之後，他突然說道：

「小東西想要拜託妳一件事。」

我望向依娜，問她：「拜託什麼事？」但她只是緊張地笑笑。接著里歐說：

「她想要畫妳。」

我說：「妳瘋了。」

我知道畫家眼中的臉孔跟我們一般人所看到的不同，我們看到只是司空見慣的一張臉而已——但我還是不能理解，為什麼會有人想畫一張平凡、普通的中年臉孔。我也這麼告訴依娜了。但她說對她來說，我有張有趣的臉，「它一直不斷地在變化著。」她說。我真希望它是如此。

我從來沒有經歷過這樣的困境。我一輩子都在避免拍照，但現在，依娜卻在這裡誠懇地問我，我願意讓她畫肖像嗎？她說我只需要來坐個幾次，「也許三到四次？」她焦急的小臉渴望地盯著我看。

我告訴她我願意，但她要答應兩個條件：第一，她必須在羅素廣場畫我，我才不要坐在什麼室內的畫室裡。第二，她必須保證不逼我看那張肖像畫，不論是在畫的過程中，或是完成之後。

她答應了這兩個條件。但這週她要先完成其他的工作，我們預計下週開始。

七月十三日，星期二

神經兮兮的早晨。

喬伊絲‧格倫菲爾的字條送來了，上頭寫著前往她的公寓的指示，卻沒有紀錄該如何找到位在齊普賽的聖瑪麗拉玻教堂——也就是中午她要跟牧師對談的地點。我在地圖上找到齊普賽，並決定要在我去那裡前先將《文摘》的支票兌現。

我到了最近的一間銀行，接著又去了它對面的另一間。兩間銀行對於要幫一名全然的陌生人——他們拒絕查看我的身分——兌現一張《讀者文摘》開的支票都感到十分震驚與困惑。他們也不願意幫我打給《文摘》或是德意屈出版社，我在想，這會不會是出於什麼銀行的政策？

我去了第三間銀行，一位出納員將我的需求轉給一位高級職員，而這位職員又與另一位職員商討了一番，接著他走回來問我，如果直接把這張支票寄回我在紐約的銀行，會不會比較好？我表示我**現在**就需要這筆現金，這讓他更為震驚。你絕不能對銀行行員說「我需要現金」。

我告訴他，我在紐約的銀行是「化學信託」，並問他在倫敦是否有該間銀行的分行。他不情不願地表示，是有的，但他也懷疑倫敦的分行是否真能替我兌現這張支票（他的用詞不是「會」，而是「能」）。於是我去了「化學信託」——而他們在要求檢查除了我的牙齒以外的一切之後，終於幫我兌現

了。現在沒有什麼比在雜誌跟電視上看到的那種「銀行又友善又充滿人情味」的廣告更讓我憤怒的了。每間我去過的銀行，其人情味的程度都跟一隻眼鏡蛇差不多。

此時，我只剩不到半小時的時間可以去齊普賽。我上了一輛公車，卻發現我忘記帶地圖了。我告訴車掌我想去齊普賽的聖瑪麗拉玻教堂，他讓我在聖保羅大教堂附近下車，並指向遠處的某條街說道：

「往那邊走一小段路，然後左轉。」

我往該方向走了一小段路，左轉，又往同一方向走了一小段，再左轉——我向六名路人問路，發現這六個人全都是觀光客。一輛巴士在轉角減速慢了下來，我向車掌叫道，「可以告訴我如何到聖瑪麗拉玻教堂嗎？」而他向我回道：

「抱歉，親愛的，今天是我第一天上工！」

我祝他好運，順便嘛！接著繼續走。我一共找了三座錯的教堂、一間戈德史密斯廳[213]，還有許多有趣的小巷子，但就是沒有聖瑪麗拉玻教堂的蹤跡。我想這個時候，對談應該已經結束了，於是我躲進一間煙霧瀰漫的小酒館，把自己餵到心情變好為止。

---

213. 戈德史密斯廳（Goldsmiths Hall）：倫敦市的一級建築，為大型鑄造公司戈德史密斯（Goldsmiths）的總部。

午夜

　　喬伊絲來門口接見我，並帶我沿著客廳的牆壁導覽了一圈，上頭掛著格倫菲爾和蘭格霍恩（Langhorne）的家族肖像畫和照片。她的母親是維吉尼亞州的蘭格霍恩姐妹之一——其中一位姐妹嫁給了查爾斯・達納・吉布森[214]，是最初的吉布森女孩[215]；另一位姐妹與阿斯特子爵成婚，是著名的國會議員阿斯特夫人[216]；而第三位姐妹則嫁給了喬伊絲的父親。

　　牆上很少關於戲劇的照片。有一張最令她驕傲的照片，是乾草劇院[217]的看板，上頭用燈光拼出她的名字——乾草劇院規定不能以燈寫出明星的名字，他們只會寫出表演的名稱。但是喬伊絲在那裡表演她的單人秀，而她不只是那場秀的明星而已，她就是秀本身。

---

214. 查爾斯・達納・吉布森（Charles Dana Gibson，1867－1944）：美國插畫家。

215. 吉布森女孩（Gibson Girl）：為插畫家吉布森的畫作系列，象徵著20世紀初獨立且美麗的歐美女性。

216. 南茜・威徹・阿斯特，阿斯特子爵夫人（Nancy Witcher Astor, Viscountess Astor，1879－1964）：英國下議院的首位女議員，其丈夫為沃爾道夫・阿斯特，第二代阿斯特子爵（Waldorf Astor, 2nd Viscount Astor）。

217. 乾草劇院（the Haymarket）：倫敦西敏市乾草市場內的劇院，為倫敦現在仍在使用的劇院中、歷史第三古的劇院，同時也是英國一級登錄建築。

　　她給了我一本佛羅倫斯・南丁格爾[218]的傳記，她覺得我會喜歡。每天早上，她都會設定六點的鬧鐘起床讀書，一直在床上讀到七點。她說如果沒有養成這個習慣，她永遠都找不到時間讀書。儘管在我看來，她好像什麼都讀過了。

　　我常在發現其他人有多麼飽讀詩書時，感到難為情，因為相較之下，我該有多麼無知啊！如果有一張「我從沒讀過的名著和名作家」書單，你絕對無法相信我的那張會有多長。我的問題在於，當其他人已經看過五十本書時，我卻還在重複把同一本書看過五十遍。這麼說好了，我唯有在讀到第二十頁並停下來，醒悟到自己已經將第二十一到二十二頁的內容背得滾瓜爛熟到可以唸出來的程度時，才會真正停止重複閱讀這本書。接著我會把書收起來幾年。

　　晚餐後，他們載著我在切爾西遊覽，並指給我看他們結婚的房子。喬伊絲告訴我，他們倆幾乎是青梅竹馬。

　　「我那時十七歲，而雷吉剛在牛津讀完書。我第一次跟他打網球的時候，還綁著辮子。我現在只有在晚上才會把它們

---

218. 佛羅倫斯・南丁格爾（Florence Nightingale，1820－1910）：英國護士和統計學家，象徵崇高的醫護精神。其最有名的貢獻是在克里米亞戰爭期間，向英國軍方爭取在戰地開設醫院，為士兵提供醫療護理之事，她同時也成為該院的護士長，被稱為「克里米亞的天使」。倫敦於1867年在滑鐵盧廣場為她建立紀念碑，並鑄造提燈銅像，而國際護士理事會也將每年5月12日——南丁格爾的生日定為國際護士節。

綁起來。」

他們載我到倫敦的舊城區，向我展示聖瑪麗——勒——波教堂[219]，原來是要這樣唸才對啊！這裡太暗了，很難看清楚白天時，我是從哪裡開始走錯路。

他們不斷恩愛地爭論應該要帶我去看哪些地方。

「噢，不要去聖保羅大教堂！親愛的，她大概已經看過了。」

「她可能會想要看它在燈光照耀下的樣子啊，雷吉咿咿——！」

「她可能已經看過燈光下的版本好幾次了，我們為什麼不帶她去看弗利特街呢？」

我連忙在後座開口表示，我想看看倫敦的貧民區。

「恐怕，」喬伊絲溫和地說，「這裡沒有那樣的地方。」

只要了解「英國的醫療照護是免費的」的這項現實，你就會知道所有你應該要知道、有關資本主義跟社會主義之間的差距了。

---

219. 聖瑪麗勒波教堂（St Mary-le-Bow）：位於倫敦市的一座教堂，作者於前面的篇章搞錯此教堂的念法。

七月十四日，星期三

《星期日快報》的安‧愛德華茲帶我到薩佛伊飯店吃午餐，她不敢相信我居然沒有對倫敦失望。

「當我聽到妳要來的時候，」她說，「我很想寫信告訴妳，『親愛的，別來。妳已經晚了十五年。』」

因為什麼而太晚，西敏寺嗎？

我試著告訴她──如果妳一輩子都夢想見到西敏寺、聖保羅大教堂還有倫敦塔，並且終於真的到了那裡，它們是不可能讓妳失望的。我告訴她，我等會兒跟她分別後，就要去看聖保羅大教堂了，而我可以向她保證，那裡絕不會讓我失望。但是她已經在倫敦住了一輩子，她對過往充滿眷戀──尤其她家還有著一輛高級的勞斯萊斯的那些日子──「每次它發動的時候，都會溫和地咳個幾聲，就像一位慎重的男僕一樣。」她這樣說。

薩佛伊的河景廳十分華麗，食物也極為美味。（但我比較喜歡克拉里奇，雖然我把克拉里奇想得過於浪漫了。）我同時吃了蟹肉和法式焗龍蝦，但這兩道我沒有一道吃得完，它們的份量實在太大了。不過我最後還是把草莓鮮奶油吃完了。英式鮮奶油是會讓人上癮的──每次我在這裡吃草莓的時候，都會想起某位曾做出以下評論的英國教士：

「上帝恐怕很難創造出比草莓更好的莓果了，毋庸置疑

地，祂也從未創造出過。」

　　午餐後，她陪我沿著河堤走了段路，並為我指引一條到聖保羅最近的路徑。

　　沿著河畔散步實在太快樂了，眼看著鄧約翰的教堂就近在咫尺，我一邊走路，一邊想著關於他的事情。他是我聽過唯一「真的因為一位好女人而浪子回頭」的男人。他跟倫敦塔中尉勳爵的女兒私奔了，而暴跳如雷的中尉勳爵將他們兩人都關進了塔中——約翰在其中一側的廂房，他的新娘則在另一側，於是他傳了一張紙條給她，這也是我為什麼會知道他的名是唸作「鄧（Dunn）」，而不是「棟（Donn）」的原因。紙條上寫著：

約翰・鄧（John Donne）

安妮・鄧（Ann Donne）

尚未完成（undone）

　　他有點瘋瘋癲癲的。在安妮死去之後，他做了一塊裹著裹屍布、屍身形狀的石頭，並與那塊石頭一起睡了二十年。但如果你有著天使般的文筆，精神有點不正常是沒有關係的。

　　我走上聖保羅大教堂的階梯——終於、終於！我究竟等了多少年啊？——我穿過了大門，站在那裡朝著圓頂天花板望去，再順著寬廣的走道看下來，一直到祭壇……我試著想像

詹姆士國王傳召他的那一晚[220]，鄧的心裡是什麼樣的感受。至少在這一刻，我不會拿那些我幾乎已經背得滾瓜爛熟的幾本書籍，來跟幾百本我沒讀過的書交換——我起碼有十年沒有打開華爾頓[221]所著的《人生》[222]了，但如今站在鄧約翰的大教堂中，一整段美麗的敘述仍現於我的腦海之中：

國王陛下坐下之後，展現了他親切的態度，說道：

「鄧博士，我已經向你提出晚餐的邀約，儘管你不與我同坐，我還是會準備一份你甚愛的料理。知悉你對於倫敦的愛，我特此任命你為聖保羅大教堂座堂主任牧師。在我用餐完畢後，你就帶著你那一份鍾愛的料理回家，到你的書房裡去吧！在那裡朗誦你的飯前禱文，希望這一切能為你帶來好處。」

而就像伊萊莎‧杜立特[223]會說的：「我敢打賭我說對了。」

---

220. 此處指鄧約翰於1610年因撰文維護國教與王權而獲得詹姆士一世的賞識，並成為皇室牧師之事。

221. 艾薩克‧華爾頓（**Izaak Walton，1594－1683**）：英國作家，其代表作為《釣魚大全》（The Compleat Angler）。

222.《**鄧約翰博士的人生**》（**The Lives of Dr. John Donne**）：為英國作家艾薩克‧華爾頓的著作。

223. 伊萊莎‧杜立特（**Eliza Dolittle**）：蕭伯納筆下的虛構人物，曾出現於戲劇《賣花女》中。

這裡有領著大批觀光客的導遊，每位導遊都在進行千篇一律的說明──有英文、法文與德文的──他們單調的嗓音不和諧地互相干擾著。我試著離他們越遠越好，一個人四處閒晃著。我沿著一條旁支的走道走著，看了所有的石碑以及胸像。我繞著祭壇走著，再從另一側往回走，繼續看更多的石碑與胸像……即便如此，我還是差點錯過**那個東西**──它的形狀有些怪異，不是胸像，也不是一座全身的雕像──我停下腳步，閱讀著銘文。在我的面前的是，掛在聖保羅大教堂牆壁上、裹在裹屍布裡的鄧約翰的石像。

我觸摸了它。

就在門裡有一間祈禱室，標示著：「聖鄧斯坦祈禱室。私人冥想專用。」我走進去，獻上我的感謝。

果真是晚了十五年啊。

七月十五日，星期四

　　倫敦《讀者文摘》的肯恩‧艾利斯（Ken Eliis）今早帶著
他漂亮的助理跟一名攝影師來拍我的照片。我像往常一樣嘰
嘰咕咕地抱怨著，但不是真心的（如果不是因為《文摘》，
現在的我已經在飛機上橫越大西洋了）。我溫順地跟著他們
小跑步到查令十字路84號，坐在二樓房間裡那荒涼、空蕩蕩
的窗檯上，讓他們拍照。肯恩幫我把所有剝落又生鏽、曾一
度拼出「馬克斯與柯恩書店」的白色字母撿了起來。我想要
把它們帶回家。

　　（或許在九月的某一天，我在家中進行秋季的掃除時，會
找到這些字母並自問：「妳要這些東西做什麼？好讓妳在變
成老太太的時候，看著它們悲嘆流淚嗎？」接著將它們全數
丟掉。）

　　他們帶我去惠勒餐廳（Wheeler's）吃午餐（這裡的每個人
都會帶你去的知名海鮮餐廳），肯恩向我解釋為什麼這裡的
每個人都討厭新的錢，這跟「英國人想要跟別人不一樣」的
心態有關——雖然現在的十進位制，比過去的半便士幣、二
便士幣、幾尼金幣、十磅紙幣、六便士幣的幣制還要簡單多
了，但是這些舊的錢幣是他們獨有的，沒有其他國家有著跟
他們一樣的東西，其他人也沒辦法理解。他說，因為某些原
因，英國人討厭加入共同市場，他們不想成為歐洲的一部

份，他們想要被清楚地區分開來，**因為他們是不一樣的**。他引用了一個已經變成老掉牙笑話的舊報紙頭條來說明這個心態——有一次，在壞天氣的詛咒之下，英國整座島嶼都被霧氣給包圍了，當時英國的某份報紙頭條於是寫道：濃霧孤立了歐洲大陸。

我稍晚要跟易利夫妻吃晚餐，而琴打電話來警告我，肯諾特飯店非常守舊，到現在還是不肯讓穿著褲裝的女性進到餐廳裡去。我帶著尊嚴地告訴她，我有兩件洋裝。

晚上十一點

肯諾特飯店位在格羅夫納廣場[224]的附近，所以我先到廣場那兒去看看羅斯福紀念碑。曾有人告訴我，在羅斯福[225]死後，英國政府決定要為其建立紀念碑並向大眾募捐，同時限定每個人的捐款額度為一先令，好讓每個人都有機會捐獻。

---

224. **格羅夫納廣場（Grosvenor Square）**：倫敦的一座花園廣場，位於奢華的梅費爾區，同時也是美國駐英大使館的所在地。
225. **富蘭克林·德拉諾·羅斯福（Franklin Delano Roosevelt，簡稱為FDR，1882－1945）**：美國的第32任總統，為美國1920至1930年代間的經濟危機和第二次世界大戰的中心人物之一。

他們宣布，這項募捐會一直持續下去，直到達到所需的金額
目標為止。

七十二小時內，募捐就結束了。

這個故事比紀念碑本身更讓我感動。紀念碑不過就是一座
羅斯福的雕像——站得高高的，拿著一根柺杖，背後還有著
飄逸的披風……造型是到位了，卻少了他的性格與特質。我
討厭看到羅斯福用他那雙在整個白宮生涯都枯萎、無力的雙
腿站立著的雕像。如果忽視這些豐功偉業是出於一名腰部以
下癱瘓的男子，便難以彰顯出他的偉大。如果是由我設計，
我會將他雕刻成坐姿，蓋上那條他總是蓋在膝上、用來遮住
他萎縮的雙腿的毛毯。任何其他的表現方式，都太小看了他
那不屈不撓面孔上的豪氣和幽默感。不過，既然這座雕像的
臉孔上已經少了豪氣和幽默感，那也沒什麼好說的了。無論
如何，至少現在我知道有多少英國人敬愛著他。

琴和泰德·易利依舊讓我驚訝不已。他們曾在讀過我的書
之後，邀請我在紐約與他們一起吃晚餐。他們的公寓位於第
五大道，十分寬敞，充斥著優雅的桃花心木、古老地毯，以
及各種溫暖的顏色。他們是我見過最美麗的一對夫妻，他們
兩人都苗條且挺拔，也都有著濃密的灰髮、端正的五官和平
靜且光滑的面孔——當琴無意間告訴我，他們倆都已經七十
好幾的時候，我驚得目瞪口呆。他們俊美得令人難以置信，

身上毫無歲月的痕跡，就像是一九三〇年代電影中，初登場社交宴會中的閨女的雙親。

晚餐過程中，我們討論著有關PB的事。我寄給他一張字條，告訴他我還會在這裡待兩個星期，琴說也許他會帶我們三個人去什麼地方玩也不一定。

一輛由司機駕駛的大型豪華轎車載我回到飯店——我不曉得等我回到家鄉之後，該怎麼重新習慣在第二大道的生活。

依娜打電話來問我，星期日早上如何？我有空給她當模特兒嗎？唉，才喝了一點點琴酒，我竟然就什麼都一口答應下來了。

七月十六日，星期五

　　我才剛從諾拉的自助餐會回來——我去的時候遲到了一個小時，虧我還是貴賓。這個傍晚從一開始就糟糕透頂。

　　諾拉今早打電話來說，車子七點半會到飯店接我，因此一如往常地，我七點就已經打扮好並在大廳等待了。七點十五分時，車子還沒來，七點半時，車子還是沒來，到了七點四十五分，我推斷諾拉的朋友應該是忘記來接我了，於是我打電話給諾拉。她說她會幫我叫一輛計程車，「豪華地帶我入場」。但計程車也一直沒來，最後，她叫我自己到街上去招一輛，直接坐過去。

　　我走到街上，叫了一輛計程車，上了車。但北倫敦在這裡顯然就等於布魯克林的最底端，而倫敦的計程車司機就等同紐約的司機，冷酷程度也差不多。我把諾拉的地址給了司機，而他像是戴了面具般面無表情地瞪著我。

　　「我不知道那是哪裡，小姐。」他用平板的聲音說。我無辜地解釋說，那是高門。但他直直地瞪著前方，用一樣毫無起伏的嗓音重複道：

　　「我不知道那是哪裡，小姐。」

　　我意會到他的意思了，於是我下了車，等了十分鐘直到下一輛計程車經過，我再度上車。我把諾拉的地址給了司機，而我們上演了跟剛剛一模一樣的戲碼。這次，司機在我準備

下車時便急躁地想擺脫我，我的雙腳還沒著地，他就急忙向前衝，導致我摔了一跤並割傷了我的腿。我跌在地上，血流如注，這時已經八點十五分了，我甚至**還沒出發**前往一個我七點三十分就應該要抵達、為我舉辦的餐會。我已經沒辦法回到飯店房間去清洗傷口，並換上乾淨的褲襪了，因為這樣會讓我再遲到十五分鐘！

我回到飯店大廳，詢問櫃檯的服務員，而他說，我需要的是私人出租車，他們可以載我到任何地方。私人出租車就是倫敦版的紐約豪華轎車服務（價格也差不多昂貴）。那名服務員幫我打電話叫了私人出租車，十分鐘後，一輛出租車便抵達了飯店。司機告訴我他的名字是貝瑞（Barry），他白天在醫院實習，晚上則開私人出租車賺外快。我上車後，他便在北倫敦的山丘飆起車來，似乎沒在管我們倆的死活，不過管他的，他載我到達了目的地，一路上又刺激又暢快。

他告訴我他在加拿大的麥基爾大學[226]讀過書，並在曼哈頓工作過好幾個夏天。他到紐約的第一天，站在百老匯和四十二街的交通分隔島上，不知道自己身在何處，只知道自己想去時代廣場。當時有位正在指揮交通的警察，於是想要問路的貝瑞便來到警察的後面，拍了拍警察的肩膀。而這位

---

226. 麥基爾大學（McGill University）：於1821年成立於魁北克的公立研究型大學，是加拿大最古老的高等學府，在國際間享有盛譽。

警察——根據紐約最高級的禮節和樂於助人的傳統——則轉
過身，把槍口抵在貝瑞的肚子上。

「警官，我只是想問，到時代廣場的路怎麼走？」貝瑞說。

「是這樣嗎？」警察問。

「我是個觀光客，我不認識路。」貝瑞解釋道。

「是嗎？」警察說，槍還是抵在貝瑞的肚子上。貝瑞放棄
了，於是說：

「警官，如果你真要打死我，也請後退一步，免得你把我
背後的四百多個人也一起射死了。」

警察這才讓他離開。貝瑞穿越馬路，詢問路人該如何走到
時代廣場。路人審慎地鑽研這個問題好一會兒，才說：

「走一個街區，左轉。再走一個街區，左轉。再走一個街
區，左轉。最後再走一個街區，再左轉，就到了。」

於是貝瑞繞著街區走了一圈，才發現他從頭到尾都已經在
時代廣場上。他以為紐約的廣場跟英國的廣場一樣，裡頭都
有個公園。而那名路人也沒留意到，如果在倫敦走一個街
區，左轉，再走一個街區，左轉；又再走一個街
區，左轉，最後又再走一個街區，再左轉——就會回到原點。

他挨家挨戶地販售大英百科全書跟鋼筆，而大部分的家庭
主婦都當著他的面甩上大門。（我曾經對著門大叫：「太
太，可以請您打開門，讓我把我的領帶抽回來嗎？」）於

是他改去伍爾沃斯大樓[227]兜售鋼筆。他發現突破困境的方法，就是好好地展示鋼筆的用法，並且被視為老師——「教其他人如何使用鋼筆，」他解釋道，「至少可以坐著教。」

他在諾拉家讓我下車，並表示他午夜時會再來接我回去。

我應該要揍諾拉的，她竟然沒有告訴其他賓客，我七點十五分就已經準備好在等車了！竟然有一位女子轉向我，禮貌地問：

「妳介意我詢問妳是被什麼事耽擱了嗎？」而我因為太過錯愕，以致無法回答她，只好跟著席拉逃上樓並躲在她的房間，直到我冷靜下來。我就是無法冷靜。

所有的稀有書商都用出版業的各種故事來款待我。他們告訴我，戰後出版了太多的書，但書店的空間實在太少了，於是倫敦的所有書商只好將幾百本古書埋在一個倫敦街上的炸彈坑洞裡。這些被埋起來的古書價值連城，但如今要找到它們被埋的位置，還得先拆掉新建的建築，並挖開重鋪的街道才行。我腦中忽然浮現一幅畫面——某天核戰將世上的一切都摧毀了，除了那些在各處躺著、從倫敦深處被炸出來的古書以外。

---

227. **伍爾沃斯大樓（Woolworth Building）**：位於紐約市的摩天大樓，屬於新哥德式的建築。

每個人都帶了小禮物給我，而我對其中一份禮物犯了一個失禮的大錯——一位專門販售簽名、非常迷人的女人，送了我一本裝訂精美的口袋筆記本。我正需要一本，因為我把我舊的那本改成日曆了。而當一位來自誇里奇書商（Quaritch's）負責稀有書的男子給我他的名字與書店地址時，我便很自然地將它們記在這本新筆記本裡。從當時瞬間的寂靜聲勢判斷，在那本新筆記本裡寫字是一種褻瀆的行為，我有種恐怖的預感——那本筆記本應該是不能拿來使用的古董，是觀賞用的。但不能使用的筆記本要拿來幹嘛呢？我每次都因為這樣的事情惹上麻煩。

十二點整，一分不差，貝瑞便抵達諾拉的家來接我。他說我可以到他服務的醫院拜訪，如果我剛好經過那附近。「是聖巴多羅買醫院[228]，」他說，「妳可以從亨利八世入口進去。去看看禮拜堂吧！很漂亮。」我把他的名字——貝瑞·戈德希爾（Barry Goldhill）——記在已經被褻瀆了的筆記本上，接著問他，他的專業是什麼？他說：「婦科。」我說：「太遲了，親愛的。現在我已經沒辦法為你做什麼了。」

---

228. **聖巴多羅買醫院（St Bartholomew's Hospital）**：於1123年創辦於倫敦市的醫院，是歐洲歷史最悠久的醫院。

七月十七日，星期六

信件中有張來自盧特蘭門的字條，他回來了。

十九日星期一，十一點準時這裡見。要跟查理二世喝雪利酒，還要跟查爾斯·狄更斯吃午飯。

匆忙留筆——

P.B.

我想我最好還是臨時拜佛腳一些有關狄更斯的知識比較好，於是早餐後，我走到道堤街的狄更斯故居。那裡距離羅素廣場才幾個街區而已，先前我只是因為對他沒有足夠的興趣好驅使我前往那裡罷了——這件事你絕對不能跟這裡的任何人說，不喜歡狄更斯的這番言論，在這裡簡直就是異端邪說。我的意思是，狄更斯可是舉國上下、家家戶戶的神。

除了PB之外，沒有任何倫敦人跟我提過莎士比亞的酒館。沒有人提過皮普斯[229]的地標，也沒有人提到溫坡街——當你問到有關蕭伯納向他那「綠眼睛的百萬富婆」獻殷勤的屋

---

229. 塞繆爾·皮普斯（Samuel Pepys，1633－1703）：英國政治家、日記作家。他於1660年到1669年間寫下的日記被認為是英國復辟時期的社會現實，以及重大歷史事件（如倫敦大瘟疫、倫敦大火）的第一手資料。

子[230]時，也沒有人知道你在說什麼。每個人都會告訴你「皮克威克先生[231]在哪裡吃過飯」、「老古玩店[232]在哪兒」，或是「一定要去看道堤街的那棟房子」——《孤雛淚》[233]就是在那裡寫的。對了，還有康登鎮[234]——就是鮑伯‧克萊奇特[235]住的地方，以及「那裡的人員會指引出狄更斯寫作《遠大前程》」的地方。

道堤街也是一條兩旁豎立著溫和、狹窄磚屋的街道，這樣的街道還是如此震撼著我。狄更斯故居內部的裝潢還是保留得和他還在世時差不多，而房子深處的房間裡則展示著一整套初版的狄更斯著作。每間房間的牆上都設有裝滿了狄更斯紀念物品的展示櫃——信件、插畫、漫畫、演員名單上寫有他的名字的劇院節目單。（我從來不知道他是位如此熱情的業餘演員。）所有穿梭過這間屋子的旅客——大部分都是來

---

230. 此處為蕭伯納創作的戲劇《百萬富婆》（The Millionairess）裡的情節。

231. 皮克威克先生（Mr. Pickwick）：狄更斯筆下虛構人物，為其著作《皮克威克文件》（The Pickwick Papers）中的主要人物。

232. 老古玩店（The Old Curiosity Shop）：出自狄更斯長篇小說《老古玩店》，其內容取材自德文郡巷的一間老古玩店。

233. 《孤雛淚》（Oliver Twist）：為狄更斯於1838年出版的第二部作品，揭露當時孤兒們的悲慘生活以及社會惡疾。後來也多次被改編為電影與舞臺劇。

234. 康登鎮（Camden Town）：位於倫敦市中心，為「倫敦計劃」中的中心地區之一。

235. 鮑伯‧克萊奇特（Bob Cratchit）：狄更斯筆下的虛構人物，曾出現於其著作《小氣財神》中。

自「聯合王國」──都認識每個角色，以及每張插畫與漫畫中所描繪的每個事件。真令人歎為觀止。

　　我在坦札爾餐廳（Tanjar's）吃午餐，那是一間在夏洛特街上的咖哩店。接著我散步到柯芬園，準備去看愛倫‧泰瑞的骨灰。那座教堂叫做「柯芬園聖保羅教堂」，但當我來到市集時，卻看不見任何教堂。我四處晃蕩了一下，盯著地圖研究，又望向柯芬園市集。一位蓄著棕色鬍子的年輕人從我身旁蹓躂經過，轉了一圈又往回走，問我：

　　「親愛的，妳迷路了嗎？」

　　我告訴他我正在尋找演員教堂，他問道：「妳是演員嗎？」

　　我說，不是，但我年輕時是位鬱不得志的編劇。我喜愛蕭跟泰瑞間的通信，所以想看看愛倫的骨灰。

　　「多麼好的心意啊！」他說，「除了從事這項職業的人們以外，從來沒有人會特別來看我們的教堂。」

　　他是位演員。待業中。他說只要沿著市集的外圍走到一個巷口，橫越巷子並在轉角轉彎，就會看到教堂了。

　　我向他道謝，並祝他好運，而他說：「也祝妳好運，親愛的！」我看著他的背影繼續往他原本要去的方向走去，我真討厭自己，居然忘了問他的名字。人們不應該蹓躂進你的人生，並在十秒後又溜出去，連個名字都沒有留下。就像狄更斯曾經表示的：「我們都一起在前往墳墓的路上啊！」

市集前的路面上有許多腐爛的水果跟蔬菜，我在它們之間穿梭著，來到轉角處並找到小巷——有點類似一座用來停放貨車、四處散落著垃圾的開放廣場。我穿越小巷，在轉角轉彎，而教堂就在那裡——坐落在綠意盎然的庭園裡的一座小教堂，後頭還有一座花園。

教堂裡沒有人，對此我感到十分感恩。我是個很情緒化的人，而當你很情緒化的時候，你永遠不知道自己會因為突然受到什麼感動而流下淚來。我想愛倫的骨灰有可能會讓我不小心掉淚。

教堂裡的桌子上有一疊油印的紙張，上頭還有一張告示，邀請遊客坐下來閱讀這些紙張，好了解「關於你所在之處的一點事情」。這座教堂由伊尼戈·瓊斯[236]建於1630年代——威廉·S·吉伯特爵士[237]在這裡受洗、威徹利[238]葬在這裡、小大衛·加里克在這裡做禮拜，而「恩」利·「伊」金斯教授[239]也是在這裡的門廊下，看見伊萊莎·杜立特在雨中賣她的

---

236. 伊尼戈·瓊斯（Inigo Jones，1573－1652）：將義大利文藝復興的建築風格引進英國的英國近代建築師，曾參與設計皇后宮、國宴廳和柯芬園等等。

237. 威廉·S·吉伯特爵士（Sir William Schwenck Gilbert，1836－1911）：英國劇作家與詩人，其代表作為《皮納福號軍艦》（H.M.S. Pinafore）、《彭贊斯的海盜》（The Pirates of Penzance）等等。

238. 威廉·威徹利（William Wycherley，1641－1716）：英國戲劇家。

239. 此處指的是蕭伯納劇作《賣花女》裡的虛構人物亨利·希金斯教授（Professor Henry Higgins），作者在此處刻意模仿倫敦東區的考克尼腔調。

「哇」[240]。

我沿著右手邊的牆壁走著，一邊閱讀著逝去已久的演員和作曲家的碑銘。在幾乎到底了的牆上、靠近祭壇的地方，有一個放在鐵柵欄後的壁龕，而裡頭被打磨得發出純潔亮光的銀甕裡，便是愛倫·泰瑞的骨灰。我有些吃驚地發現，自己正對著骨灰甕微笑──這是一個光明且令人愉悅的景象。

我穿越中殿，沿著左邊的牆壁走回來，閱讀著延續到門口的其他碑區。而就在我即將離開教堂的時候，我在門邊找到一塊最近期的石碑：

費雯·麗[241]，死於一九六七年。

我突然間受到感觸，掉下淚來。

---

240. 此處為蕭伯納劇作《賣花女》的劇情──亨利·希金斯教授試圖將說話有考克尼腔調的社會底層賣花女伊萊莎改造成淑女，自己卻反而愛上了她──作者在此處刻意模仿倫敦東區的考克尼腔調。

241. 費雯·麗（Vivien Leigh，1913－1967）：英國國寶級電影演員，以其出色的外表與精湛的演技奪下兩屆奧斯卡影后。其代表作為電影《亂世佳人》，她所飾演的女主角郝思嘉，至今仍為影史上最難以超越的角色之一。

七月十八日，星期日

我正坐著，為了肖像畫。

依娜開著一輛喀拉喀拉作響的旅行車來接我，她載我到羅素廣場，並在入口處停車。旅行車是側滑門，但我出於習慣地想把門向外推開，差點把門跟我的胳膊都給弄壞了。依娜笑得前俯後仰，說道：「妳跟里歐一模一樣！」看來他也跟我一樣，永遠搞不懂任何機械式操作的東西。

我下了車，而全身不過五呎高的她也爬下了車，拖著一個六呎高的畫架、四呎長的顏料箱、一個調色盤、一些雜誌和一臺跟攜帶型電視機一樣大的收音機。她不允許我幫忙搬——繪畫對象是不被允許拿東西跟搬東西的。

我們將折疊椅設置好——休閒椅是給我坐的，另一張有筆直椅背的椅子則是給她的——而我驚訝且鬆了一口氣地發現，原來坐著讓人畫肖像畫，不需要一直維持一樣的姿勢。依娜告訴我，我可以往後躺、坐直、伸展、動一動、抽菸……只要是面向她，我想幹嘛都可以。接著她開始鉅細靡遺地講解如何操作收音機——原來她是為了我才帶收音機跟雜誌來的。這讓我感到十分有趣。

「我在羅素廣場不會無聊，我跟妳在一起也不會無聊，」我告訴她，「妳工作的時候我們不能聊天嗎？」

「噢，我很樂意！」她說。「我的繪畫對象從來不跟我說話

的，他們都安安靜靜地坐好幾個小時。」

「跟我在一起，」我說，「妳就不會遇到這個問題了。」

我的收票員朋友走過來，站在她的後方看她作畫。接著還有兩位英國女士、一位印度學生跟一位拄著拐杖的中年牙買加人也圍著她看。

「她畫得怎麼樣？」我問他們，出於想要保持友善的好意。但被直接搭話好像讓他們感到很不好意思，他們咕噥著說：「很棒，很好。」然後就溜走了。依娜向我道謝，她說旁觀者會讓她緊張。所以從現在起，我的功用便轉化為驅離這些被紐約客稱作「觀看且評論建築工程的閒人（Sidewalk Superintendents）」的傢伙們。在倫敦，把他們趕走的方式就是跟他們說話，但在紐約，跟他們說話只會鼓勵他們跟你講述自己的人生故事。

看著肖像畫家作畫是一段令人讚嘆不已的過程。依娜坐在那裡，看起來全然放鬆——她一邊聊天，一邊大笑，又一邊問著問題——而同時，她的視線卻又以不可思議的高速，在我的臉跟畫架之間來回游移。她的視線一下往上到我的臉，又一下往下到畫框，一上一下、一上一下、一上一下……動作又快又精準又富有韻律感，就像臺高速運作的節拍器。一小時又一小時地過去，她邊說邊笑邊畫著，而她上下遊走的

視線也一刻都沒有消停過。我試著學她一下，但才過二十秒，我的眼睛就痠了。

她畫到一點多，接著載我到肯辛頓去吃午餐。一路上我們都沒有要聊天的意思，因為這輛旅行車的喀噠作響聲就跟紐約的地下鐵一樣震耳欲聾。儘管英國車在街上安靜得令人愉悅，但坐在裡頭卻吵得不得了。而美國車就恰恰相反了。

她帶我去一間小義大利餐館吃午餐，就在她跟里歐住的地方的附近，店名叫做「潘澤爾的義大利麵和披薩」，這是他們夫妻倆最愛的小基地。我喝了全倫敦我喝過最好喝的馬丁尼，還吃了一份在死後我願意在天堂裡享用的蒜味奶油雞。

依娜對於我還沒去過任何一間畫廊的這件事大為驚詫，於是在午餐後，她便堅決地拖著我到國家肖像館[242]。在那裡，我有了驚奇的體驗，直接與一些老朋友面對面，差點沒讓我精神錯亂——查爾斯二世看起來像個老不修，蘇格蘭的瑪麗女王像個騎著掃帚的女巫，而伊莉莎白則看起來漂亮極了，畫家捕捉了每個細節——其明亮且銳利的眼神、堅挺的鼻樑、晶瑩剔透的肌膚、細緻的雙手，以及那閃閃發亮的冰冷孤絕感。我真希望我能理解為什麼瑪麗跟伊莉莎白的那些畫像，看起來既真實又栩栩如生，但莎士比亞的諸多畫像——在同

---

242. 國家肖像館（**National Portrait Gallery**）：坐落於倫敦特拉法加廣場旁的肖像藝術畫廊，收集了歷史上重要的英國人畫像，包括亨利七世、莎士比亞、伊莉莎白二世等等。

一個時代、以同一種繪畫風格繪製——卻總看起來既不寫實又疏離。

　　由於每張臉我都盯著看了許久，因此我們根本看不完十六世紀跟十七世紀的肖像。下週我們要回來看十八世紀和十九世紀的部分，我決心要看完每一個人。

　　上校剛剛打電話來，星期三他要載我去鄉間吃晚餐。

七月十九日，星期一

十一點時，我抵達盧特蘭門。這是謊言。我一向很害怕會無法「準時」到達那裡，因此我總是搭計程車過去，也總是提早二十分鐘抵達。我會在整個社區先繞一會兒，直到時間已經晚到我可以去按他家的門鈴——我很享受這段時光，這個社區很有意思。

他帶我到位在馬丁巷的老葡萄酒館喝十一點的雪利酒。這是唯一從一六六六年的倫敦大火災中倖存下來的酒館，酒館建於一六六三年之前，而之後也沒有太大的變化。吧檯的上方古老的酒桶，木桌跟板凳也都留下深刻的歲月痕跡，就連菜單都帶有一股濃濃的古早味，我完全可以想像塞繆爾・皮普斯在這裡點小牛肉和甜肉派的樣子。

他帶我到英國銀行[243]去，那裡的看門人和樓管都穿著紅色的西服背心和馬褲，在道早安時還會行禮。（除了這些人們以外，這間銀行依舊充斥著**充滿人情味**的眼鏡蛇。）

---

243. **英國銀行（Bank of England）**：於1694年成立的英國中央銀行，握有英國及威爾斯地區的紙幣發行權，負責貨幣供給、印發鈔票、管理黃金和通貨儲幣。其銀行總部自1734年起設置於倫敦市的針線街，被英國人戲稱為「針線街的老管家婆」。

我們在喬治和禿鷲餐館[244]用餐，而餐館的菜單上頭寫著：
「皮克威克先生邀請了大約四十五個人，在他們第一次來到
倫敦的時候，與他一同用餐。」這間餐廳是皮克威克俱樂部
的總部，牆上有著有關狄更斯的漫畫。牛排和豬肋排在一個
敞開的巨大石造火爐上烤著。

從喬治和禿鷲餐館出來的轉角，有聖米迦勒康希爾教堂[245]、
聖彼得勒波爾[246]與聖班奈特芬克[247]教堂。我要把聖班奈特芬
克放在我最愛的聖人名單上，僅次於兩位紐奧良聖人。

回溯到一八○一年，當美國買下路易斯安那州時，美國商
號也開始做起天主教聖像的生意，並開始將一箱箱的宗教雕
像寄到紐奧良去。這些貨箱上頭貼著「易碎品」及「急件」
的字樣。當時的紐奧良人大多是法國殖民者後代，他們不懂
英語，也不知道這兩個詞是什麼意思，因此他們推斷這兩個

---

244. **喬治和禿鷲餐館（The George and Vulture）**：位於倫敦的知名餐廳，現為
二級保護建築。這間餐廳曾在狄更斯的小說《皮克威克外傳》（The Pickwick
Papers）被提及20多次。自1950年以來，此地一直是「狄更斯・皮克威克俱樂
部」的所在地。

245. **聖米迦勒康希爾教堂（the Church of St. Michael Cornhill）**：倫敦的一座
中世紀教區教堂。

246. **聖彼得勒波爾教堂（St. Peter Le Poer）**：倫敦的一座教區教堂，於1907年
被拆毀。

247. **聖班奈特芬克教堂（St. Benet Fink）**：倫敦的一座教堂，於1841年至1846
年間被拆除。

詞一定是貨箱裡頭的兩位聖人雕像的名字。於是，在紐奧良最受歡迎的聖人就成了「聖・易碎品」跟「聖・急件」。

「聖・易碎品」過了一段時間就失寵了，但我聽說現在隨便拿起一份紐奧良的報紙，還是有可能在人事廣告欄讀到類似這樣的內容：

感謝聖急件

予我特別的恩賜

根據雕像，他是一名古羅馬人，穿著一件寬長袍。真希望我能像了解他一般了解聖班奈特芬克，PB也不曉得他是誰。

我們沿著倫巴德街[248]走，PB說倫敦的銀行業大約是在一四〇〇年代，由從倫巴底[249]來的猶太人所建立。每位放款人都會掛上能夠辨識出其機構的徽章，而從那時候起，倫巴德街上的銀行都會掛上紋著徽章的銅牌。徽章依舊隨著微風

---

248. **倫巴德街（Lombard Street）**：倫敦市著名的街道，為銀行和保險業中心，聚集了全世界最具影響力的銀行、保險公司及商號總部，常與後來的紐約華爾街比較。

249. **倫巴底（Lombardy）**：位於阿爾卑斯山和波河的義大利區，為全球經濟的龍頭之一，同時也是歐洲3個最富有的地區之一。

搖擺著——蘇格蘭銀行[250]的徽章是一隻貓和小提琴，另一間銀行是一隻蚱蜢，而第三間則是一隻以後腳站立的馬。PB不知道這些象徵的來歷，或是它們本來的意義，它們已經有數百年的歷史。（美國人後來也在倫巴德街開了銀行，在看到這些貓跟小提琴，或是蚱蜢跟站立的馬後，也說：「聽好了，我們也要掛個什麼上去！」接著立刻掛上一隻美國鷹，我們真是沒有國族想像力。）

　　這星期六，PB會載琴、泰德和我去一棟鄉間的豪華別墅。他帶我去了一間珠寶店，去看一枚他為我訂做的翻領別針，他如此大費周章可真惹惱我了！
　　別針是金色的，上頭有著代表倫敦市的紅白紋飾。
　　我星期六會見他最後一面，到那時，別針已經做好了。

---

250. 蘇格蘭銀行（the Bank of Scotland）：總部位於蘇格蘭愛丁堡的商業銀行，為英國第二古老的銀行（第一是英國銀行），同時也是歐洲第一間印製自己的鈔票的銀行。

七月二十日，星期二

　　我比依娜還早抵達羅素廣場，而我的收票員朋友在幫我設置好一張椅子之後，將雙手揹在背後，彎下腰來，詭秘地詢問我：

　　「妳們是我應該要知道的什麼大人物嗎？」

　　我向他保證，我們不是什麼有名的人士，而他否定地搖著頭。

　　「畫家，」他說道，「是不會畫無名小卒的畫像的。」

　　我告訴他，我是位作家，但並沒有很有名或是很重要。他拿出一本黑色的小書，小心翼翼地記下我跟依娜的名字。此時，依娜正扛著畫架、顏料箱、調色盤和那龐然巨物般的收音機，搖搖晃晃地繞過鳥盆走過來——她還是使勁地把那東西拖來了，以免我無聊——我每次聽收音機，都只會無禮地批判BBC的音樂品味。他們只有一個古典音樂電臺，而管理那電臺的傢伙是個室內樂狂，因為他們只播室內樂。

　　依娜告訴我，我改變了她對肖像繪畫的整個態度。

　　「我從來沒有在室外畫過任何人，」她說，「這裡的氣氛跟感受很不一樣。從現在開始，我會開始思考每位繪畫對象——無論男女——究竟適合室外或室內。妳是對的，妳屬於室外。」

「我們在這裡不是因為我是位『屬於室外』的繪畫對象，」我說，「我們在這裡，是因為我是位自私的繪畫對象。」

我想她會很樂意畫一整天，但不論我怎麼說，她都堅持要在一點結束，因為我只剩一點點時間可以到處走走看看了。

我們打包好，朝著旅行車走去，她環視了一下羅素廣場，若有所思地說：

「妳說對了。這裡有種特別的特質。」

我被嚇到了，因為我從來沒有這樣說過。在她這麼說之前，我甚至不知道自己是不是真有這種感受。

我們去潘澤爾吃了午餐，接著回到國家肖像館，我看了珍・奧斯汀[251]、李・杭特，以及小威利・赫茲利特跟令人發毛的勃朗特姐妹[252]的畫像——三姐妹的臉中間有一片被灰色顏料覆蓋的部分，那裡曾經畫著布蘭威爾[253]。

---

251. 珍・奧斯汀（Jane Austen，1775－1817）：聞名世界的英國小說家，其作品多詮釋18世紀末的英國地主鄉紳生活，代表作為《理性與感性》、《傲慢與偏見》等等。

252. 勃朗特姐妹（Brontë family）：三位英國著名的文學女作家，同時她們還是親生三姊妹——代表作為《簡愛》的夏綠蒂・勃朗特（Charlotte Brontë，1816－1855）、代表作為《咆哮山莊》艾蜜莉・勃朗特（Emily Brontë，1818－1848），以及代表作為《荒野莊園的房客》的安妮・勃朗特（Anne Brontë，1820－1849）——她們的作品至今仍是流傳千古的經典文學名著。

253. 布蘭威爾・勃朗特（Branwell Brontë，1817－1848）：文學才子、畫家，為勃朗特家族中的長子，同時也是勃朗特三姐妹的哥哥。

　　故事是這樣的——布蘭威爾畫了他自己跟他的姐妹，接著在某次自我厭惡爆發之際，又斷然將自己的圖像給抹掉了。在看著這幅畫時，你當然無法專心看著姐妹們的臉孔，因為整張畫都被中間的灰色地帶給主宰。你不禁想著布蘭威爾當初知不知道會造成這樣的效果。

七月二十一日，星期三

上校又刷新記錄了。我已經忘記我們上次去史特拉福的途中，經過斯托克波吉斯時，我想繞去看看格雷的教堂墓地的事了——只因為「哀歌」是我母親最愛的一首詩。上校可沒有忘記，儘管要耗費兩個小時車程，他還是要載我去斯托克波吉斯吃晚餐。

我們在薄暮時抵達那裡。我們進入教堂庭院，周遭空無一人，鐘聲正為了宣告一天的結束而緩慢地響著。

格雷的母親葬在這裡，而格雷在她的紀念碑上寫上銘文：

　　她有許多孩子，其中只有一位不幸活得比她長。

這座教堂已經有七百年的歷史，非常簡單、樸素。在祭壇上的甕裡有新採的野花。我沿著中央的走道走著，走在教區居民古老的墓上，他們被葬在石地板下已經好幾個世紀了，連鑴刻在石頭上的姓名，都已經被歲月沖刷得模糊不清。

上校在墓園裡散步，讓我自己坐在教堂裡。我真希望我的母親知道我此時身在何處。我覺得自己就像個爬到新高點的小孩，對著媽媽叫：「嘿！媽！妳看我！」

上校寡居的嫂嫂住在斯托克波吉斯附近。她在倫敦教書，

每天通勤四個小時。就這一點來說，這裡的人們跟我家鄉的人們一樣瘋狂。我們開車到她家去接她一起吃晚飯。她住在一個漂亮的鄉村郊區，看起來就像康乃狄克州的某處——而諾拉的房子和她住的郊區看起來則像是皇后區的某處。所有的郊區都很相似且毫無特色，彼此之間失去辨識度，就像高速公路，真神奇。也許這就是為什麼我喜歡城市的原因。在倫敦，沒有一排房子會讓你誤以為自己在紐約；而在曼哈頓，也沒有哪一個街區會讓你聯想到倫敦。

我們在一間叫做「快活的農夫」的美麗酒館用餐。「酒館」是個彈性的名詞——它可以指街角的小酒吧、烤肉酒吧、雞尾酒廊，或是一間高級餐廳。「快活的農夫」是一間典型的康乃狄克鄉村式的餐廳：出色、昂貴，且極端迷人。我吃了咖哩蝦，而當我跟店經理說這比我自己做的咖哩還要好吃時，他拿了一罐他自己的咖哩醬讓我帶回紐約。

「告訴我，」上校的嫂嫂在喝咖啡時問我，「為什麼所有的美國人都那麼喜歡格雷的『哀歌』啊？」

坦白說，我從來不知道他們都喜歡哀歌呢！除了我母親，我從來沒有聽任何一位美國人提起過。不過比起我會在曼哈頓遇到的人們，上校的嫂嫂在斯托克波吉斯遇過更多的美國觀光客，而他們都是為了格雷的「哀歌」來到這裡的，所以我就姑且信了她。而因為我沒有骨氣說出：「我不知道耶！」

我於是嘗試向她解釋這整件事，我不假思索地脫口而出——

「我們是由移民組成的國家，」我說，「我們的祖先都是來自歐洲或非洲、既窮苦又被鄙視的人們。我們在學校讀過英國詩歌，但所有我們唸的詩人都頌揚著貴族階級，像是國王和皇后、西德尼[254]的姊姊彭布羅克[255]，還有牛津的尖塔或是伊頓的運動場⋯⋯除了格雷。格雷讚頌的是那些沈寂又沒沒無聞的無名小卒。而既然所有的美國人都是沈寂又沒沒無聞的無名小卒的後代子孫，我猜他便成功地激起了我們的共鳴。」

我希望我說對了，因為她跟上校都相信了。甚至連我自己都相信了，並因為自己的口若懸河而得意忘形。在我們開車回家的途中，我開始思索著，在解釋美國人對於格雷的鍾愛的同時，是否也讓自己在無意間得到一些英國人喜愛狄更斯的線索呢？他們或許比較敬佩莎士比亞，但是他們真正愛的還是狄更斯。也許，對於多數既不是國王，也不是貧苦農人的英國人，他們也難以對莎士比亞筆下的國王跟農人產生認

---

254. 菲利普·西德尼（**Philip Sidney**，1554－1586）：英國詩人、宮廷官員、軍人，為伊莉莎白時代最重要的人物之一。其作品《愛星者和星星》（Astrophil and Stella）被認為是繼莎士比亞後最好的伊莉莎白十四行詩。

255. 彭布羅克（**Pembroke**，1561－1621）：本名為瑪麗·西德尼，為菲利普·西德尼的姊姊，同時也是因詩歌與文學贊助而聲名遠播的英國女性。於1577年嫁給政治家亨利·赫伯特，彭布羅克爵士（Henry Herbert, 2nd Earl of Pembroke，1538－1601）。

同，反而對狄更斯作品裡的中下階級、中產階級，以及流動
階級的角色更有共鳴。就連PB也參與了這股全國性的狄更斯
狂熱——他曾經告訴我，他的其中一位曾祖父是個魚販，而
他在伊頓公學讀書時，就曾被其他男孩們嘲笑，只因為他的
母親是位在澳大利亞出生的「殖民地居民」。

　　這星期日晚上，上校要幫我舉辦一場歡送派對。星期一我
離開的時候，他會到機場來送我。

七月二十二日，星期四

我對於強迫依娜在倫敦惡名昭彰的氣候下，在戶外替我畫肖像而感到非常愧疚。今天早上我們已經兩次因為下雨而被迫暫停。昨天下雨的時候，她載我去倫敦塔，但是那裡要進入參觀的隊伍排得很長，而我還是沒辦法排隊排太久。今天我們再次準備前往倫敦塔，但途中天氣又突然放晴了，於是我要她開回羅素廣場去。我們星期天再去倫敦塔，我喜歡把它留作我在倫敦看的壓軸景點。

我的收票員朋友現在已經完全投入這個作品了。他莊重地告訴依娜：

「這張肖像在未來會值五十萬的。」我跟依娜說如果真的是這樣，我要拿一半的錢。

六點的時候里歐開車來找我們。依娜咬著牙，一臉苦惱的樣子，因為她想畫到太陽下山為止。她告訴他，我們會待在羅素廣場，他可以在晚餐時間再來接我們，但她原本以為他七點才會找到羅素廣場——就跟我一樣，里歐完全沒有方向感。然而，他卻輕鬆地找到了羅素廣場，這讓她勃然大怒。而親愛的、遲鈍的、崇拜著依娜的里歐，不曉得自己已經鑄下大錯，竟然還在接下來，犯下一個更大的錯誤——他站在依娜背後，雙手揹在身後，深沈地凝視著畫像（依娜討厭有

觀眾看她畫圖，就算觀眾是里歐也一樣），並向我宣告這幅畫「會很美的」。這讓我們的畫肖像時光當場宣告結束，直接改去潘澤爾餐廳。依娜跟我開著旅行車，而里歐則開著他的車在後面跟著。他原本想帶我去非常氣派的地方吃頓歡送我的晚餐，但我告訴他我情願在潘澤爾吃就好。

正當我們在喝飲料，並且試圖找一天帶我去邱吉爾的故居「查特韋爾莊園[256]」——他們的朋友買下了那裡——的時候，我聽到某個人說：

「哈囉，海蓮。」

我抬起頭來，看見一位我認識多年的女人朝我們走來。她在紐約開了一間生意很好的商店，並且相當追求高端時尚。每次我們見到彼此時，她總表現得非常友善和親切，不過她一向只把我當作點頭之交而已。

我說道：「噢！我的老天啊！桃樂絲（Dorothy）！」並將她介紹給里歐跟依娜。里歐邀請她加入我們一起用餐，而她也答應了。她解釋說，自己是來這裡進行採購小旅行的，而她才剛落地不久而已。接著全世界最有禮貌的里歐就幫她點了晚餐，並跟她聊起天來，好讓依娜跟我繼續商討查特韋爾莊園的問題。

問題是，我星期一一早就要離開了，我顯然沒有空閒的一

---

256. 查特韋爾莊園（Chartwell）：溫斯頓·邱吉爾最主要的住所。

天可以跟他們一起去那裡。

「明天，」我告訴依娜，「席拉要載我去哈特菲爾德莊園[257]，那裡有我唯一想參觀的宮殿。接著我們會開車回高門，跟諾拉吃我們的最後一頓晚餐。星期六是我跟派特・巴克禮一起的最後一天，他要帶我去鄉間的某個地方。」

「我希望我的朋友們能見見妳，」里歐說，「如果他們星期日可以招待我們，妳可以開車一起來嗎？」接著他向桃樂絲解釋，他的朋友克里斯多弗・曼（Christopher Mann）和他的妻子愛琳・喬伊絲（Eileen Joyce）買下了查特韋爾莊園。

「星期日是我們唯一可以畫肖像畫的日子了。」我說。「我覺得那天對依娜來說很重要。」

「妳還需要再一次的時間嗎？」里歐問道，而依娜點了點頭。接著里歐向桃樂絲解釋了關於肖像畫的事情。

「我不懂妳為什麼星期一就要回家了。」依娜說道，並且嘆了一口氣。我也嘆了口氣。接著里歐也嘆了口氣。里歐轉向桃樂絲並問她認識我多久了？她模糊地說：「我不知道。八或十年吧。」

「告訴我，」里歐用他明朗的英式男中音說道，「我們才跟她相識不過幾個星期。為何跟她分別會如此艱難呢？」

---

257. 哈特菲爾德莊園（Hatfield House）：建於1611年的英國鄉村別墅，為具代表性的詹姆斯一世建築。

　　我轉向桃樂絲，想說些玩笑話搪塞過去，但我沒能說出口。不誇張，她的嘴巴開開的，她目瞪口呆地瞪著里歐。她含糊地說了些什麼，接著將視線轉向我，嘴巴還是張得大大的，依舊一副不可置信的表情。我看著她，就像看到自己的內心，我對於自己在這裡當了五週女公爵的反應，全都真實地映照在桃樂絲的臉上。

　　我們離開了潘澤爾餐廳。桃樂絲向里歐道謝，並拒絕搭便車回她的飯店，她說飯店就在這條街上而已。接著她轉向我，掙扎著想讓接下來的話聽起來又輕鬆又像是在開玩笑，而不只是單純的困惑：

　　「我猜，請妳把我塞進妳繁忙的行程裡，應該沒有什麼太大的用處吧？」

　　我本來想對她說：

　　「算了，桃樂絲。下週舞會就會結束了，仙度瑞拉就要回去弄她的鍋碗瓢盆跟打字機，穿著舊牛仔褲跟二手T恤了，就像老樣子。」

　　但我只是露齒而笑，並對她說紐約見了。

　　上天祝福席拉，哈特菲爾德莊園為我的旅程添上畫龍點睛的一筆。它不是最古老的宮殿，也不是最美麗的一個，但它是伊莉莎白的的宮殿，因為她是在這裡長大的。宮殿的其中一間廂房還在，我們看了她的餐廳，還有廚房，看得比她一生所看得還要仔細且完整。

　　我們坐在花園的長石椅上。這裡既安靜又遠離塵囂，就像一下子回到了四百年前，我幾乎可以想像自己就跟她一起在這座花園裡，經歷那個時刻——議會的紳士們騎著馬接近，接著下馬跪下，告訴她，她現在是英國的女王了。

　　我們開車回到高門吃晚餐，諾拉送我一些「馬克斯與柯恩書店」的照片讓我帶回家，還有一張法蘭克的照片。她還告訴我，當法蘭克把我的信帶回家，讀給全家人聽的時候，她曾經有多麼惱怒。

　　「我跟他說：『帶別的女人的信回家，你算是哪門子丈夫啊！』」

　　「如果他沒把信帶回家，」我說，「妳才更要擔心呢！」

　　她看著我點點頭。

　　「法蘭克以前也是這麼說的。」她說。

　　她的花園差不多打理好了。她給了我最後的一點玫瑰讓我帶回家。

七月二十四日，星期六

今天我跟PB和易利夫妻來到洛斯利莊園（Loseley Park），一棟伊莉莎白一世時代的豪華宅第。伊莉莎白自己也曾經在這裡當過座上賓，並在回家後寫了一長串的抱怨和批評給她的東道主。

他們三人明天晚上要在一間塞繆爾·皮普斯用過餐的酒館吃晚餐，希望我能一起去。我告訴他們我會試著在上校的派對之前趕去，但我心裡很明白我沒辦法做到，因為我是個孬種，我不知道該怎麼跟PB說再見和謝謝。明天我會打給他，並與他在電話上道別。

我們把易利夫妻送到肯諾特飯店之後，他帶我去珠寶商拿我的翻領別針——它是一枚金色交叉形的別針，上頭有著倫敦的紅白紋章，以及以金色字樣寫出的倫敦市訓言：

上主，請指引我們。

我相信祂會繼續指引著你們。

七月二十五日，星期日

　　昨晚我打包好大部分的行李，好讓依娜今早可以早點開始作畫。她一路畫到中午，直到又被雨水打斷。

　　她載我穿越攝政公園，好讓我再看納西的半月形建築跟那些可愛的街道最後一眼，接著到潘澤爾吃頓歡送我的午餐，最後我們前往倫敦塔。

　　開到倫敦塔前，我們發現等待進入塔中的人們已經排成了四排，隊伍沿著鐵柵門延伸了一整個街區。那一刻我知道我永遠見不到倫敦塔的內部了，我原本有好幾次機會可以進去的，但我拖太久了。

　　「明年夏天吧！」依娜輕柔地說，「我們可以列出所有妳沒看到的景點，然後我們首先就去看倫敦塔！」

　　明天一早她要載我去機場。

稍晚

　　上校在切爾西有一間舒適的公寓，而他的朋友們也都相當親切且好相處——兩位男士、幾位迷人的寡婦，還有一對來自瑞士、害羞的年輕夫妻。我不記得他們任何一個人的名字，也不記得我們聊了什麼，我無法專心。派對很早就結束

了，因為我隔天十點就要出發去機場。諾拉也有去。她載我
回家，我們道了再見，並且保證要保持通信。

　　我現在在床上寫著這本日記。打包好的行李箱放在地上，
敞開著。梳妝檯上空蕩蕩的，窗簾是放下來的，隔絕了外頭
的雨聲──整間房間就跟我剛抵達這裡的那一晚一樣，絲毫
沒有不同。

七月二十六日，星期一

　　早餐後，我請人把行李箱送下來，並付了帳單。我打給PB想說再見，但沒有人接。

　　我沿著街道走去德意屈出版社，並且幫澳洲的書商簽了二十本書，因為明天他們會來這裡參加書展。我不知道簽名是要簽給誰的，但我還是無法接受只簽上名字，那感覺太不友善了。於是，我在每一本書裡都署名給「不知名的愛書人」，有時候我真覺得自己瘋了。

　　我跟卡門和譚默先生說了再見，也和其他德意屈出版社的工作人員道別——除了安德烈，他還沒來。接著我前往羅素廣場，跟它道別。我的收票員朋友還沒來上班，只有我一個人在廣場上。

　　我回到飯店，又試著打給PB一次，但還是沒有人接電話。我決定我一回到家就要馬上寫信給他，其實就算電話有接通，我也還是會寫那封信。我從電話亭出來的時候，奧圖先生對我鞠了個躬，肅然說道：

　　「女士的捷豹在外頭等候了。」

　　在外頭等著我的是，開著一輛借來的捷豹的依娜——她說里歐把車開走了，而她才不要開著一輛吵到沒辦法好好聊天的旅行車送我去機場。

　她給了我一對有兩顆小珍珠的戒指，因為她曾聽我說過我喜歡珍珠。

　上校在希斯洛與我們碰頭。他打點好我的行李箱，帶領我們堂皇地進入貴賓休息室喝雪利酒。在喝著雪利酒的同時，他宣布在我的班機起飛後，他要帶著依娜來場機場內部的貴賓巡禮。

　他和依娜陪我走到飛機旁。上校把我交給一名空服員，並要她好好照顧我，接著他和依娜與我親吻道別。我的座位在窗邊，我滑進座位並朝外窺探，尋找著他們的蹤影。我才剛看到他們並準備舉起手向他們揮手時，他們就轉身消失在人群之中了。

　飛機起飛了。突然之間，一切彷彿都消失得無影無蹤——布魯姆斯伯里、攝政公園、羅素廣場和盧特蘭門……那一切好像都沒有發生過，所有的一切都不是真的。就連人們也都不是真的。一切都是我自己想像出來的，他們都不過是幻影而已。

　我坐在飛機上，試著回想他們的面孔，試著抓住倫敦的一切，但思緒卻不斷被家鄉的人事物給強行侵擾——家中堆積如山、等著我的信件，等著我的人們，等著我的世界。

普羅斯彼羅[258]的隻字片語溜過我的腦海：

吾輩的狂歡現已結束。此些吾輩的演員們
……全都僅是魂魄且
都化入了空氣之中，化為泡影……
雲霧繚繞的尖塔、富麗堂皇的宮殿、
莊嚴肅穆的神堂……煙消雲散
並且，就如同這場虛無飄渺的盛典一般褪去，
不留分毫遺跡。吾輩就是如此之物
恰如夢境築於其上……

安息吧，瑪莉・貝利。

---

258. 普羅斯彼羅（Prospero）： 莎士比亞筆下的虛構人物，為其戲劇《暴風雨》的主角。

國家圖書館出版品預行編目（CIP）資料

重返查令十字路84號／海蓮·漢芙 Helene Hanff
作. -- 1版. -- 臺北市：城邦文化事業股份有限公
司尖端出版：英屬蓋曼群島商家庭傳媒股份有
限公司城邦分公司尖端出版發行, 2021.03
　　面；　公分
　　譯自：The duchess of bloomsbury street.
　　ISBN 978-957-10-9379-6 (平裝)

　1.海蓮·漢芙 (Helene Hanff)

　2.旅遊文學　3.英國
741.89　　　　　　　　　　　　　110000403

重返查令十字路84號

作　　　　者	海蓮・漢芙 Helene Hanff	
譯　　　　者	黃亭蓉	

發　行　人	黃鎮隆
副總經理	陳君平
總　編　輯	周于殷
企劃主編	蔡旻潔
美術總監	沙雲佩
設　　計	陳碧雲
公關宣傳	邱小祐、洪國瑋
國際版權	黃令歡、梁名儀

出　　　版　　城邦文化事業股份有限公司　尖端出版
　　　　　　　臺北市民生東路二段141號10樓
　　　　　　　電話：(02)2500-7600　傳真：(02)2500-1971
　　　　　　　讀者服務信箱：spp_books@mail2.spp.com.tw

發　　　行　　英屬蓋曼群島商家庭傳媒股份有限公司
　　　　　　　城邦分公司　尖端出版行銷業務部
　　　　　　　臺北市民生東路二段141號10樓
　　　　　　　電話：(02)2500-7600(代表號)　傳真：(02)2500-1979
　　　　　　　劃撥專線：(03)312-4212
　　　　　　　劃撥戶名：英屬蓋曼群島商家庭傳媒(股)公司城邦分公司
　　　　　　　劃撥帳號：50003021
　　　　　　　※劃撥金額未滿500元，請加付掛號郵資50元

法律顧問　　王子文律師　元禾法律事務所　臺北市羅斯福路三段37號15樓

臺灣地區總經銷　中彰投以北(含宜花東)　楨彥有限公司
　　　　　　　　電話：(02)8919-3369　傳真：(02)8914-5524
　　　　　　　　地址：新北市新店區寶興路45巷6弄7號5樓
　　　　　　　　物流中心：新北市新店區寶興路45巷6弄12號1樓
　　　　　　　　雲嘉以南　威信圖書有限公司
　　　　　　　　(嘉義公司)電話：0800-028-028　傳真：(05)233-3863
　　　　　　　　(高雄公司)電話：0800-028-028　傳真：(07)373-0087

馬新地區經銷　城邦(馬新)出版集團　Cite(M) Sdn.Bhd.(458372U)
　　　　　　　電話：(603)9057-8822　傳真：(603)9057-6622

香港地區總經銷　城邦(香港)出版集團　Cite(H.K.)Publishing Group Limited
　　　　　　　　電話：2508-6231　傳真：2578-9337
　　　　　　　　E-mail：hkcite@biznetvigator.com

版　　　次　　2021年3月1版1刷　Printed in Taiwan
I　S　B　N　978-957-10-9379-6